もっと自分を愛していい

生きづらさを手放す心理カウンセラー
松野正寿

KKロングセラーズ

はじめに

どうして私は人とうまく関われないんだろう」

「小さい頃から親や周りの人の顔色が気になって本音を伝えられず、それを後悔して自分を責めてしまう」

「人から愛されたいのに、いつもうまくいかない」

心理カウンセラーとして多くの方の相談を受けてきた中で、対人関係において生きづらさを抱えている人には、本当によく出会います。

そうした方々の多くは、物事をすごく両極端にジャッジしてしまう傾向があります。自分が悪いと責め続けるか、相手が悪いと責め続けるかの白黒思考に偏り、その間にある落としどころを見つけることができません。そして、「もっとメンタルを強くしなくては」、「自己肯定感を上げなくては」と、さまざまな情報を参考にしながら頑張るけれど、結局またうまくいかず、自分を責めてしまう……。そんなループにはまってしまっている人も少なくありません。

その生きづらさの種は、いったい何なのでしょうか。本当に、みなさん自身が悪いのでしょうか？　僕は、そうではないと思います。みなさんの生きづらさの種は、実はみなさんの心の中にいる、傷ついた過去の自分なのです。**生きづらさを手放すには、その自分を癒やしてあげることが大切なのです。**

本来は自分を癒やさなければいけないのに、つい自分を責めてしまう。自分を嫌いになってしまう。だからみなさんは、苦しいのです。

ではいったいどうすれば、自分を癒やすことができるのでしょうか？

本書では、その方法をお伝えしていきますが、前提としてみなさんに知っておいていただきたいことがあります。それは、「アダルトチルドレン」についてです。

そう言われると、なんとなく「精神の病気？」「心の病？」というイメージで、敬遠してしまう人もいるかもしれません。でも、アダルトチルドレンは、病気ではありません。ですから病院に行っても「アダルトチルドレンですね」と診断されることはありません。

たしかに一昔前は、アダルトチルドレンというと、アルコール依存症やDV気味の親に育てられた人というイメージが広まっていて、「自分はそうではない」と思いたくなる人が多かったと思います。

しかし、アダルトチルドレンとは、子ども時代に親や身近な大人に傷つけられた経験によって、大人になったときに生きづらさを抱えてしまう「状態」のことを言います。

過去の傷ついた経験が原因と言われると、「思い出したくない」「自分はそんな経験はなかったはず」と、つい目をそらしてしまいたくなる人もいるかもしれません。思い出すことで再び傷つくのは嫌だと思う人もいるでしょう。

ですが、アダルトチルドレンは何も特別なケースではなく、実は多くの人が抱えている問題だと僕は思っています。ですから、怖がらずに考えてみていただきたいのです。

現代の大人たちで言えば、家父長制の色合いが強かった昭和の親子問題によって傷ついた経験があったり、受験戦争によって傷ついたりなど、さまざまな背景があってアダルトチルドレンになっている人が大多数です。「毒親」や「親ガチャ」という言葉がここ数年で広まりましたが、これもアダルトチルドレンと密接に関わってくる言葉です。

　また、昨今は「ＨＳＰ」という言葉もよく聞くようになりました。人づきあいが苦手で、人間関係に不安を抱えている人のことを「ＨＳＰ＝Highly Sensitive Person／感受性がとても強く、敏感な気質を持った人」と言い、関係する本もたくさん出されています。ＨＳＰをわかりやすく言い換えた「繊細さん」という言葉も、インターネット上や本のタイトルとして、見かけることが増えてきました。

　とても繊細で敏感な性質がゆえに生きづらさを抱えてしまっている人の場合、生まれ持った性質を変えることは難しいため、周りの環境のほうをその繊細さや敏感さに合わせていくことや、周囲の理解を得ることが必要となります。

　音や光に過敏になってしまって物事に集中できなかったり、人の話し方や表情がとても気になってしまってコミュニケーションがうまくとれなかったりする人はもちろんいて、社会がそうした人たちへの理解を進め、より多様な人が生きやすい環境を求めていくことは必要です。

ただ、本当は自分の傷を癒やし、自分自身としっかり向き合うことによって生きづらさが解消できるはずの人についても、最近では「繊細さん」として「そのままでいい」とされてしまいがちな風潮があるのも、事実です。

僕がカウンセリングの中で出会ってきた人たちの中にも、セルフチェックでＨＳＰだと思って「刺激から距離を置く」「周囲の人の理解を得る」などの対処法を試してみても、苦しい気持ちがどうしても消えないという人が多くいます。なぜなら、その人たちの苦しさは、音や光をはじめとした感覚の敏感さから来ているわけではないからです。

あるいは、毎日の不安から病院に行ったところ、「抑うつ（一時的な気分の浮き沈み）ですね」などと診断されて薬を処方されたけれど、何も改善されないという人もいます。その苦しさが病気ではないので、薬が出せる症状名として「抑うつ」「うつ病」と名付け、薬を処方する病院も多いのが現実です。

そんな方にも、何が苦しいのか、どんなときに苦しくなるのか、過去に似たような経験はなかったかとお話を伺っていくと、家庭の中で傷ついた経験や、我慢し続けてきた経験があるという人がほとんどです。

自分で調べてＨＳＰだと思っても、病院でＨＳＰと診断されることはほとんどありません。なぜなら、ＨＳＰという病名はないからです。もともとＨＳＰの性質を持っていたわけではなく、最近そういう傾向がある場合なら、うつや適応障害、不安神経症など、薬を処方できる診断がつく場合はあります。

しかし、うつ病と言われて薬を処方されても、アダルトチルドレンの場合、状況が改善されることはありません。もとの「傷つき」を癒やし、傷ついた自分を受け止めていくことができなければ、生きづらさを手放すことはできないのです。

実は僕自身、典型的なアダルトチルドレンとして、生きづらさを抱えてきました。

子どもの頃は、僕がちょっと悪さをするたびに、お酒の力が入った父にＤＶを受けてきました（僕が悪さをしなければいいのですが）。怒った父に、家の近くにある池の脇にある大きな木のところへ連れて行かれ、ごはん抜きで長時間木に縛られたこともあります。

僕が悪さをしなくても、父は機嫌が悪いと酔っぱらって家の中を暴れたり、ガラスの灰皿を投げつけたり、2階からビール瓶を投げたりすることもありました。お酒代を節約してほしいと母から頼まれると、逆にお酒を飲んで母と僕に暴力を振るうことも多々ありました。僕は恐くて、よくお風呂の浴槽の中に隠れたりしていました。

そのDV経験による影響が複雑なトラウマになって、僕は良くも悪くも相手の顔色を気にしながら心身ともに無理を重ねてしまう大人になってしまいました。

職場では人の分まで仕事を背負い込みすぎて体を壊してしまったり、女性から好意を寄せてもらっても、嬉しい半面「こんな自分を好きになるはずがない」と思ってしまったり。

親との関係も、ハタから見るととても異様な状況が続いていました。成人して会社員になっても自分の銀行口座は両親が管理している状態で、親がそこから自由にお金を引き出していました。キャッシュカードは持てず、クレジットカードは持っていたものの、それも親が管理しているため、買いたいものがあれば逐一親に相談していたのです。

僕は32歳で独立するまで、自分の銀行口座から1円も下ろしたことがありませんでした。しかしそんな状況でも僕は、「自分がいるから家族の生活が成り立っている」という自負があり、今にして思うと共依存の関係になっていたのだと思います。

自分にお金が入ってくるわけではないので、当然、働くことに対しても「何の意味があるんだろう」とむなしさを抱えていました。その中で、人よりもいい業績を上げることや、「すごい」と言われることに、価値を見いだしてしまっていたのだと思います。

両親のことは嫌いではありませんでしたが、抑圧された生活を送ってきたことで、僕の心には常に言葉に言い表せない苦しい気持ちがありました。そうさせた親のことを恨み続ける日々も長かったです。小さな頃に受けてきた暴力やひどい言葉がトラウマとして頭の片隅に残っているので、その事実が心に重くのしかかって、いつも視界が塞がれているような感覚で生きていたのです。

そんな状況を打破しようと、僕が最初に手にしたのは自己啓発の本でした。

ポジティブシンキングになる方法とか、ツキが身につく方法とか、メンタルを強くする方法など、さまざまな本を読みあさりました。しかし、強制的にポジティブになろうとしても、結局そのうちに苦しさがのしかかってくるのです。思えばこのように無理矢理ポジティブになろうとすることも、自分に対する傷つきだったのかもしれません。

こうした日々を送っているうちに、母の介護が始まりました。独立して会社を立ち上げた半年後、母が末期がんで倒れたのです。この3カ月後に父もがんにかかり、突然、在宅介護が始まったのです（介護時代のお話は、前著『命の時間 たった一人で「親を介護する」ということ』に書きましたので、気になる方はぜひ読んでみてください）。

僕に暴力を振るっていたのは父でしたが、それを止めてくれない母にも、僕は恨みを抱いていました。しかし介護生活の中で母と向き合うようになり、少しずつ気持ちが変わっていきました。自分が思っていたよりも、母は僕のことを思ってくれていたこと。同じ場面でも、自分が見ていたのと母が見ていたのとでは、捉え方が違っていたということ。さまざまな話をする中で、ある日、母がこう言いました。

「心の傷が、気付きを与えてくれるんだよ」

この言葉によって、僕は自分の経験を多くの人のために活かすことができるのではないか、と思うようになりました。そして、心理カウンセラーへの道を歩むことになったのです。

カウンセラーになるためにさまざまな勉強をしていく中で、僕は自己啓発本に頼って自分を変えようとしていたことが大きな間違いだったと気付きます。

なぜ傷ついてきたのか、どんなふうに傷ついたのか、自分の傷と向き合うことなく「強くなろう」としても、決して状況は改善していかないのです。心に傷がある自分を認めることができなければ、ずっとその痛みをごまかすためだけに行動してしまうことになります。これが人との関係をこじらせ、自分をさらに追い詰めていきます。

これも、アダルトチルドレンにありがちな思考パターンです。

僕はこれまで、Ｗｅｂコンサルタントや心理カウンセラーとしてメールやネットを使った面談の中で、１５００人ほどの相談に乗ってきました。

老々介護をしている主婦、シングルマザー、子どもとわかり合えない保護者、個人事業主の方、中小・零細企業の社長、時には大学教授や著名人からのご相談もありました。

多くの方が、仕事だけでなく、家族との関係に悩んでいたり、未来に対する不安から行動が続かない中途半端な自分を責めていたりといった生きづらさを抱えています。世の中では成功しているように思える人でも、生きづらさを感じ、自分で自分を好きになれずにいるのです。

そのほとんどの人が、まるで昔の僕を見ているようだと感じます。自分の傷と向き合うのではなく、そこにフタをしたままメンタル強化を試みたり、何か病名をつけて薬などで対処しようとしたり、自分のことより「相手を変えるにはどうしたらいいか」と他人にベクトルを向けていたり……。

こうした方法では、きっといつまで経っても生きづらさを手放すことはできないはずです。アダルトチルドレンは病気ではなく、メンタルを強くすることで解決できるものでもなく、周りの人がどうにかできる問題でもありません。

でも、実はみなさんが思うよりも簡単に、生きづらさを手放して自分を変えていくことは可能なのです。

本書では、生きづらさを生きやすさに変えるためのメソッドをご紹介していくものです。みなさんが本当の意味で自分自身を大切にし、周りの人とよい関係を築き、「私には私だけの幸せがある」と思える日々が訪れますように、切に願いを込めてお伝えしていきます。もっと自分を愛していきましょうね。

松野正寿

第1章

こんな生きづらさを抱えていませんか？……21

第2章

第3章

生きづらさを手放すためにできること……91

第4章

第5章

第1章

こんな生きづらさを抱えていませんか？

大人になっても家族一人ひとりとの関係、職場での対人関係、プライベートでの恋愛や友達づきあいに悩みを抱える人は多くいます。

でも、「いつもうまくいかないのはどうして?」「私の何がいけないいんだろう」と常に不安を抱えていたり、人からどう思われるか気になって失敗が恐くなっていたりするなら、アダルトチルドレンの状態かもしれません。まずは、アダルトチルドレンから起こる生きづらさについて、さまざまな例を客観的に知っていきましょう。

子どもの頃の傷つき体験から生きづらさを抱える人々

職場で人間関係がうまくいかず、毎日が憂鬱。

恋人ができても、いつもケンカになってしまって関係が長続きしない。すぐに相手の心が離れてしまう。

友達と疎遠になってしまって、気がつけば周りに本音を話せる相手がいない。

家族といても気を遣ってしまって、心が安まらない。親にどう接していいかわからない。

私って、ダメな人間なのかな……。

そんな悩みを抱えている方は多いのではないでしょうか。

「人間関係は難しいものだから、私だけが苦労しているわけじゃない」

「私がうまくいかないのは、周りの人や環境に恵まれていないから」

こんなふうに考えて、いつか状況が好転するはずと信じている人もいるかもしれません。でも、その「いつか」はいつ来るのでしょうか。いつ来るかわからない幸せな時間を待ち続けるのではなく、「いつか」をすぐ近くに引き寄せるために、みなさんの幸福力を僕と一緒に高めていきませんか？

本書は、生きづらさの原因がわからず、ひょっとしたらアダルトチルドレンの状態かもしれないと感じているみなさんに向けて、助けになればと思い執筆しています。

そもそもアダルトチルドレンとは、子どもの頃に家庭や学校の中で大なり小なりの傷つきの経験がある中で、大人になったときに生きづらさを抱えている人のことを言います。そして、冒頭に挙げたような対人関係の悩みや、人に気を遣いすぎて疲れてしまったり、自分に自信が持てなくなってしまったりといった悩みを持っている人は、このアダルトチルドレンに当てはまることが本当に多いのです。

そう説明すると、

「自分はひどい虐待にあったわけではないし、アダルトチルドレンではない」

「私の家には問題はなかったはず」

と思う人もいるでしょう。ですが、アダルトチルドレンの状態は必ずしも、ひどい虐待を受けた人とは限りません。もちろん、肉体的・言動的な暴力、両親の不仲などにより傷を負った人も多くいますが、教育や就職に関して大きな期待をかけられていた人や、兄弟姉妹や他人と比べられて評価されることが多かった人、親が忙しくて一緒に過ごす時間があまりなかった人など、子どもの頃の傷つき体験は人によってそれぞれです。小さな傷つきが積み重なっている人もいれば、ひとつの印象的な体験がずっと尾を引いている人もいます。

また、アダルトチルドレンとは、決して病気ではありません。過去の傷つきやトラウマによって、困難を抱えているという状態を指す言葉ですから、「私はどこかおかしいのかな」「治療しなくてはいけないのかな」と不安に思う必要もありません。

病気ではないので治療は必要ありませんが、「どうしてうまくいかないんだろう」と不安を抱えて過ごしているみなさんが、少しずつ生きやすくなる方法はあります。

それは、**生きづらさの種を見つけてから、自分で自分を癒やすということです。**

本書では、みなさんの生きづらさをどうすれば変えていけるのかをお伝えしていきますが、まず第1章では、アダルトチルドレンの状態を抱える人々（以下、「ACさん」と言いましょう）が具体的にどのような困難を抱えているのか、僕が出会ったケースを中心に紹介していきます。きっと、「自分も同じような経験がある」「身近にこんな人、いるかも」と感じる人は多いのではないかと思います。

職場での評価、上司の顔色を必要以上に気にしてしまう

多くの人と同じように学校を卒業して、会社に就職。しかしその後、職場で人間関係に苦労したり、上司になかなか評価してもらえないと感じていたりする人は多いのではないでしょうか。気の合う相手とだけ付き合っていればよかった学生時代とは違って、付き合う人を選べない職場では、確かに関係構築のハードルは高くなります。ただ、ＡＣさんの場合には、そのハードルを自らもっと高くしてしまうことも多いのです。

たとえば、会社の上司の顔色を、常にうかがってしまい、上司の機嫌が悪そうに見えると、「自分が何かしてしまったのではないか」と、必要以上に不安になってしまう人。常に「叱られるのではないか」という不安にとらわれてしまい、結果的にミスをして、実際に注意を受けると人格を否定されてしまったように感じて、深く落ち込

んでしまう……。ACさんにはこんなケースをとても多く見かけます。

あるいは、仕事を完璧にやろうとしすぎて、何もかも抱え込んでしまう人。ミスが多いとか、叱られるということはほとんどなくても、人からの頼まれごとをすぐに引き受けてしまったり、人にうまく任せることができず「自分がやらなくては」と頑張りすぎてしまったり。実は、僕自身がこのケースでした。

僕の場合は、自分のタスクがもうパンパンなのにもかかわらず、頼まれたら断ることができずにさらにタスクを増やしてしまい、処理しきれずにクレームにつながってしまったり、体調を崩して休むことになってしまったりと、結果的に周りに迷惑をかけるようになってしまいました。

「いいよ、やっておくよ」

と自ら引き受けておきながらも、心のどこかでは「なんで自分ばかりこんなに苦労しなくちゃいけないんだ」とグチをこぼしてばかりいる日々。いい人に見られたい、できる人間だと思われたい、嫌われたくないという気持ちが僕を支配していて、冷静に状況を見ることができなくなっていたのです。

今、カウンセラーとして多くの方のお話を伺っていると、僕と同じように仕事を抱え込みすぎていたり、上司の顔色を気にしすぎていたり、自分の評価を必要以上に他人と比べてしまっていたりする人が、本当に多いなと感じます。そして、その結果、人間関係をどんどんこじらせてしまっている人もいるのです。

自分も頑張っているはずなのに、他の人がプロジェクトリーダーに抜擢されてしまったときに、

「仕事では負けていないはずなのに、上司は私のことを嫌いだから、悪く評価するんだ」

と思ってしまい、他の人に「あなたも気をつけたほうがいいよ」などと忠言して巻き込んでしまう、なんていうケースもあります。自分と同じ被害者を増やして、「傷つき」を共有したがるというのも、アダルトチルドレンにありがちな行動です。

なぜか、いつも他人との間に距離ができてしまう

他人の顔色をうかがいすぎてしまった結果、自然と人との間に距離を生み出してしまうのも、ＡＣさんにありがちなケースです。

たとえば、会社の先輩とうまくやりたいと思うがゆえに、必要以上に「すみません、ごめんなさい」とへりくだった言葉を使いすぎてしまい、扱いづらいと思われてしまう、といったケースです。

先輩からしたら「ビジネスの仲間なのだから、できるだけ対等に話したい」と思っていても、「気に入られたい」「怒らせたくない」といった気持ちが透けて見える態度を取られてしまうと、かかわりづらくなってしまいます。

ＡＣさんは、このように相手の評価を気にしすぎてしまうがゆえに、対人関係でうまくいかなくなっていきます。しかし本人としては、「後輩だから気を遣っているだけなのに、どうして嫌われるんだろう」と悩んでしまうのです。

また、普段から他人の顔色をうかがって行動してしまう一方で、相手の機嫌がよく、今なら受け入れてもらえそうと感じると、一気に距離を詰めすぎてしまうのも、ＡＣさんにありがちな行動です。

職場の人たちと飲んでいて、みんな機嫌よく話をしているときに、あるタイミングで突然「あのときに言えなかったこと」を暴露し始めて、「どうして今言うの？」と場をしらけさせてしまったり、自分の話ばかりしてしまって周りの人が発言しづらい状況になってしまったり。

「今なら私を見てもらえる、わかってもらえる！」

という状況でやりすぎてしまい、周りから扱いづらい人と思われてしまうのです。

結局、理由はわからないけれど、自分は人とうまくいかない……。仲良くなれたはずなのに、なぜかみんな離れていってしまう……。そんな悩みや孤独に苛まれることになってしまうわけです。多くの人はこれを「空気を読めない人」と生まれ持った性質のように言いますが、どうしてそうなってしまうのか深く自分を見つめ直すことができれば、実はちゃんと改善することができるのです。

自分はこんなに尽くしているのに！

ＡＣさんが最もつらさを感じる場面が、恋愛ではないでしょうか。

彼氏ができたとき、常に素敵な彼女でいたいと思うがゆえに、いつも相手の機嫌に合わせて「いいよ」と受け入れてしまったり、相手の都合に自分のスケジュールを合わせるのがデフォルトになっていたり。

ＡＣさんは過去の経験によって、人から見捨てられることを必要以上に恐れてしまいます。ゆえに、自分の本音を隠して相手に合わせすぎてしまいます。その裏には、「自分を認めてもらいたい」「自分のことを大切にしてほしい」という強い承認欲求が隠れています。ですから、相手に合わせた結果として「ありがとう」や「愛してる」という言葉や態度が返ってくることを、望んでしまっているのです。

これが続くと、相手はどう思うでしょうか。

「何か重い……」

「必死すぎて恐い」

こんなふうに感じる人も少なくないはずです。

あるいは、恋人であるＡＣさんに何でも合わせてもらえるのが当たり前になり、最初は毎回「ありがとう」と言っていたけれど、次第になんとも思わなくなってきます。何でも合わせてくれるＡＣさんに慣れてしまい、多少、自分の都合で動いても相手は何も言わないだろうという安心感から、雑に扱ったり振り回したりしても悪いと思わなくなっていきます。ひどいケースだと、ＤＶに結びついていくこともあります。

相手がそうなったときに、ＡＣさんはさらに傷を深くしてしまいます。相手はもっともっと自分を好きになってくれるはずなのに、それが叶わず、

「こんなに尽くしているのに。こんなに頑張ったのに！　どうしてあなたは変わってくれないの？」

と感情を爆発させてしまって、別れにつながってしまうことが多いのです。さらに、

「別れたい」と言われたときも、

「こんなに頑張ったのにどうして見捨てられなくちゃいけないの？」

と、なかなか受け入れることができません。ＬＩＮＥでしつこく「あのとき本当はどう思ってたの」「私の何が悪かったの」と聞きただそうとしたり、周りの人に「彼氏にひどい目に遭わされた」と吹聴してまわったり。

そして、別の相手と付き合ったとしても、いつもこの繰り返しになってしまうのです。やっといい人に出会えたと思ったのに、私を大切にしてくれなかった……。これだけ尽くしても、いつもつらい思いをさせられる……。幸せな恋愛をなかなか味わうことができません。

恋愛依存に陥ってしまう人も

ＡＣさんの恋愛が泥沼になってしまいがちなのは、身近な相手に親を投影して、子どもの頃に親にしてほしかったことを求めてしまうからです。本人は気付いていないことがほとんどですが、認めてほしい、求められたい、ほめられたい、愛されたいといった子どもの頃に満たされなかった思いを他の人に求めてしまうのです。

ですから、恋愛でつらい思いをした後に、自分がなるべく傷つかないようにあまり好きでもない人と付き合って、恋愛依存のような状態になり、常に「ダメな私を受け入れてくれる人」を求めていきます。今度は大丈夫と思っていても、親を投影している限り、以前と変わらない状態が続くのです。

行きすぎたケースだと、「恋人がいない自分には価値がない」と思い込んでしまい、あの手この手でいろいろな人と恋愛関係を結ぼうとする人もいます。自分が好きになった人と幸せになるのではなく、何人の人が自分を好きになったかで自分の幸せが決まると考えてしまうのです。こういう女性は、男性からすると「簡単に関係を結べる人」になってしまいますが、本人はそんな状況を「私はまだモテている、大丈夫だ」と感じてしまいます。

こうしてコロコロ相手を変えて、なんとか孤独から逃れようとするのですが、結局は、「面倒くさい」「重い」「恐い」といった理由で相手は離れていってしまいます。

自分の心を癒やすことができるのは、本当は自分しかいません。それなのに、相手にその役を求めてしまい、常に癒やされることがなく、傷つく経験を増やしてしまう。

これがACさんの負のスパイラルです。

本来、**恋愛は、自分が人を愛することに喜びを感じるものです。**人は、愛されるよりも愛したいパワーのほうが大きいのです。ACさんも、本当は「誰かを思いきり愛したい」のですが、過去の影響によってなかなかそれがうまくできません。愛し方がわからないから、まずは愛されようとしてしまう。そして、人に愛されない自分には価値がないと思ってしまう……。

「彼氏がいなくても、私には価値がある」

こんなふうに思えるようになれたらいいですよね。

自ら支配されることでコントロールしようとしてしまう

実際、僕のところに相談内容の多くは、恋愛や夫婦関係に関することです。

「自分がどれだけ尽くしても、私が相手を好きな気持ち以上に、相手は私を好きになってくれない。それが苦しいんです」

「私は家庭のために頑張っているのに、夫はそれに気付いてくれず、優しい言葉をかけてくれないんです」

こんな相談が本当に多いです。

こうしたACさんは、友達に「だったら別れたほうが幸せになれるのではないか」などとアドバイスを受けても、何とか交際を続けようと、今以上に頑張ろうとしてしまいます。

多くのACさんがつらい思いをしながらも恋人と別れることができないのには、理由があります。自分では「相手なしで生きていくのが恐くて、別れることができない」と思っていても、実のところは単純に「自分が一人になるのが恐い」のです。ですから、相手のことを自分が本当はどう思っているのか、ということは置きざりにされ、「相手をコントロールして、関係をつなぎ止める」ことに執着してしまうのです。

ACさんは、人間関係において、下から入って相手をコントロールしようとする傾向があります。これは、子どもの頃に、親や身近な大人から見捨てられないように、いい子にしようと頑張ってきた経験が影響しています。

何かができないとほめてもらえない、親が思うレベルに到達しないと認めてもらえない、おとなしく言うことを聞いていないと「いい子」と言われない、そんな経験が、生きづらさの種になってしまい、大人になってから芽を出してしまっているのです。

要は、大人になってもこの頑張りを続けてしまっているわけです。孤独感を感じたくない、認めてほしいといった思いから、自分から相手の支配下に入っていってしまい、機嫌をとり、愛されようとしてしまう。そのように、相手をコントロールしようとしてしまう。これがACさんの特徴です。恋愛関係においても、

「今度の人は違う、私に偉そうにしたり、自分勝手にふるまったりはしない」と思っていても、自ら相手の下に潜り込んで支配下ポジションをとり、そこから認めてもらおうと頑張ってしまう。そうなれば、相手はACさんを支配するポジションからふるまうしかありません。その関係に慣れてしまった頃に、

「彼が全然私のことを思いやってくれない。私は愛されていないんじゃないか」という不安が湧いてきてしまうのです。

恋愛関係に限らず、仕事上の人間関係でも、友人関係でも、家族との関係でも、下のポジションから相手をコントロールしようとすることをやめなければ、「人から大切にされる」という実感は、なかなか得ることができません。

子育てでも、条件付きの愛情になりがち

ＡＣさんが親になったとき、自分の子どもに対してどう接したらいいか悩みを抱えることもよくあります。

子どもが自分自身でやりたいことを見つけたとき、応援してあげたいと思う半面、自分の理想どおりにならない場面では「それよりもこっちのほうがいいんじゃない？」と強制的に自分の思いどおりにコントロールしようとしたり、「だったらテストで80

点以上とって」と何でも条件をつけてしまったりすることが多いのです。

これは、自分自身がどう育てられたかに影響しています。子どものことは愛しているし、幸せになってほしいけれど、

「私はこんな簡単にほめてはもらえなかった」

「私はもっと努力して、ほしいものを手に入れた」

と、自分の子ども時代と比べてしまい、と、同じようなハードルを子どもに与えてしまうのです。自分はこんなに苦労したのだから、わが子も同じような苦労をするべきだ、と心のどこかで思ってしまっているのです。

また、子どもに自分と同じ体験をさせることによって、

「お母さんもこんなつらいことを乗り越えてきたんだね」

と感じてもらい、子どもに自分の頑張りを認めてもらいたいという願望も持っていたりします。

自分では、愛情を込めて育てているつもりですし、自分の子どもにはつらい経験をさせたくないという気持ちも、もちろんあります。でもつい、

「そのためにどれだけ親が苦労すると思ってるの？」

「私のときなんか、もっと大変だったわよ」

といった言葉が口をついて出てしまうのです。それを青年期から成人になるまで常に受け続けてしまうと、

「子どもが急に学校を休みがちになってしまって……」

「最近、ゲーム依存になってしまって部屋から出てこないんです」

と、子どもの行動に不安を感じるようになってから、僕のところに相談に来られることもあります。相談者さんは、子どもに何か問題があるのでないかと思っていることが多いのですが、実はそうなった理由は、自分自身の関わり方にあるかもしれません。


ＡＣさんは、親子で連鎖していくケースがほとんどです。何か条件付きでないと愛していることを示されなかった子どもは、他人からの愛情は常に何かと引き換えに得るものだと思うようになっていきます。人の顔色を見て、機嫌のいいときにしか自分

の価値を認めてもらえないと刷り込まれていきます。そして、自分の子どもができたときに、同じように子どもに接してしまうのです。

また、自分の子どもだけでなく、学校や職場の後輩などに対しても、「私たちも大変な思いをしてきたのだから、これくらいで弱音を吐かないで」「これくらいのことができなきゃ、認めてもらえないよ」と、高いハードルを設けてしまいがちです。理不尽を押しつける一方で「私が手伝ってあげるから」「困ったことがあったら何でも言って」と、あくまでもいい人でいようとする一面もあるため、後輩からすれば「自分を使って承認欲求を満たそうとする人」になってしまいます。

その結果、上司や先輩だけでなく、後輩からも距離を置かれてしまうACさんも、少なくありません。

大人になっても家族関係はいびつなまま

子ども時代に、親や身近な大人から傷つけられた経験から、生きづらさを抱えてしまっているのがACさんですが、そのために大人になっても家族との関係に難しさを感じ続けていることがほとんどです。

はっきりと傷つけられた出来事を覚えている場合では、そのことがどうしても許せず、謝ってほしいという思いがあるけれど、本音で話すことができずに伝えられていない。こんなひどいことをされたという経験は特に思い出せないけれど、何となく親に本当の気持ちが話せず、わだかまりを感じている。そんな人が多いのです。

この状態のまま、親が高齢になっていくと、「親より上の立場になった」つもりで親に接してしまう人もいます。

「今時、これくらい常識だよ？　なんで知らないの？」

「私も忙しいんだから、それくらい自分でやってよ」

と、親に対して上から接するようになっていくのです。

これは、子ども時代に**「親が上、子どもが下」という上下関係**が家庭の中に存在していた場合によく起こることです。

下の立場の人は、何らかの条件をクリアすることで、上の人に認めてもらえたり、愛されたりする。そういう人間関係を子どもの頃に覚え込んでしまったことで、恋愛においても仕事においても、友人関係においても、常に「上下」を意識するようになってしまうのです。愛されたい、認めてほしい相手には「下から」入って見返りをもらおうとするわけです。

そして、高齢になって、以前のように社会の第一線で活躍できなくなったり、人の助けが必要になったりした親に対しては、その立場が逆転し、上から接することによって関係を再構築しようとします。表面的には、親の世話をする立派な子どもとして振る舞いますが、家族の中で「対等」という関係がどういうものかわからないため、どうしても上下関係のどちらかに自分を当てはめてしまうのです。

親との関わりがほとんどなくなっている人でも、いびつな家族関係は常に心の中に不安を生み出します。

「親にひどいことをされたから、私の人生がおかしくなっちゃったんだ」

「もっと愛されて育っていれば、私は幸せになれたのに」

そんな思いがあることで、他人と比べることが当たり前になり、本当の意味で自分が幸せになるための考え方や行動がとれなくなるのも、ACさんの特徴のひとつです。

自分の本当の感情がわからない

僕たちの心の中には、いつも多くの感情が溢れています。喜び、悲しみ、不安、怒り、恐れ……、これらすべての感情は、出来事に対して選ぶことができます。ひとつひとつの出来事に対して、自分がどうとらえ、どう表現するかを、私たちは日々選んで生きています。

子どもの頃は、うれしかったら声を出して笑い、悲しかったら泣き、思うようにならなかったら怒って見せるなど、大半の人は自由に感情を表現してきたと思います。

しかし、大人になって社会に出るとこれらの感情を抑え込み、なるべく他人に見せないようにすることのほうが多くなります。他人同士で感情をぶつけ合っていたら物事が前に進まなくなりますし、自分が自由に感情を表現することで他人に嫌な思いをさせることもあると、理解していくからです。

ACさんは、この感情を抑えつけるということを、子どもの頃から多く経験している傾向があります。感情を抑えつけるということは、心の声を無視して生きることです。これが当たり前になりすぎていくと、自分が伝えたいことを、伝えてもいい場面でも表現できなくなっていきます。

その結果、本当は疲れているのに「いいよ、やっておくよ」と笑って仕事を引き受けてオーバーワークになってしまったり、恋人にちょっとイヤなことをされても「全然怒ってないよ」と物わかりのいいフリをしたりして、自滅していってしまうのです。

一般的に、僕たちが感情を素直に表現しづらくなっていくのは、周囲の人や社会全体からの期待や評価を気にするからです。何かをしてもらったら喜んで見せることが相手の期待に応えることですし、小さなことで怒らない人やささいなことで落ち込まない人のほうが好感度は高まります。ですが、ACさんはこの他人の評価を気にしすぎてしまい、「そこまで求めていないよ」ということまで先回りして考え、感情を制御してしまいます。

すると、本当の自分がどんどん見えなくなっていきます。本当は笑うんだっけ？　泣きたいんだっけ？　本当にこれ、私のやりたいことだっけ……？　そんなふうに、自分の気持ちが見えなくなってしまうのです。

その結果、「良い感情」を持つことが正解で、「悪い感情」を持つことは不正解、と決めつけてしまい、「悪い感情」を持った自分を責めてしまうようになります。

さらに、この状態のまま人の感情を推し量ろうとすると、「こうしたら怒られるはず」「こうすれば喜んで、ホメてくれそう」と、相手の感情も「良い感情」「悪い感情」と二分して考えてしまい、良い感情を持たれなければ失敗だ、と決めつけてしまうようになっていきます。「良い感情」を持たれなければダメだ、だからこうしなくちゃ、と行動してしまうのです。

何でも「良い」「悪い」を軸に判断してしまい、自分に失敗を許さないため、ACさんは毎日ストレスがいっぱいになってしまうわけです。

でも、自分がどれだけ頑張っても、相手の感情はコントロールできません。人は、言われたことを自分の都合のいいように理解するものですから、みなさんが思ったようには受け取らないこともあるのです。

また、感情というものは多様にあり、濃淡のグラデーションもあります。グレーゾーンもあります。ACさんは白黒どちらかに決めがちですが、「ちょうどいい落としどころ」を見つけていくことも、大切なのです。

つい話を盛りがちなACさん

ACさんは、ちょっぴり嘘つきになってしまう傾向もあります。嘘とまではいかなくても、つらかった経験をより誇張して面白おかしく伝えたり、過去の自慢話をより大きくしてしまったりと、話を盛ってしまうクセがある人が多いのです。

SNSで、超高級ホテルの前で写真を撮って「今日はここに泊まるよ」などと嘘の投稿をしてしまう人や、加工しまくった自撮り写真を何枚も投稿してしまう人なども、まさにACさんと言ってもいいでしょう。


ACさんがこうなってしまうのも、「人に認められたい」という思いから来るものです。より大げさな話にして相手を驚かせたり、喜ばせたりしたい。そんなふうに、サービス精神が行きすぎてしまうのです。これがひどくなってしまうと、自分がついた嘘が本当のように思えてくることもあります。

また、自分のつらさも、本当は多少寝付きが悪いくらいでも「毎日眠れない」「私、鬱病かもしれない」と話を大きくして人に伝えてしまいがちです。病気だけど頑張っている自分、人よりも繊細だけど努力している自分という像を作り上げることで、人からほめられたい、認められたいと思ってしまうのです。

あらかじめ、「自分は病んでいる」ということが相手に伝わっていれば、きっとその人は自分を傷つけないように気をつけてくれるし、他の人よりも優しくしてくれるかもしれません。「病んでいる私」を必要以上にアピールしてしまう人は、自分が傷つかないようにあらかじめ防御していたり、優しさを求めていたりするのです。

最近では、「繊細さん」という言葉が広まって、「人より過敏で繊細だけれど、それは生まれつきだから変えることはできない」、「ありのままを周りに理解してもらうことが大切だ」と言われるようになってきました。

ですが、本来は自分の力で変えられるはずの生きづらさに対しても「繊細さん」にまとめてしまうと、弊害も生じます。それは、生きづらさを本当は手放せるはずなのに、繊細でなければ生きる道がなくなってくることです。

本当は大胆な行動、大雑把な行動をとりたいのだけれど、繊細だからこそ周りが気を遣ってくれているので、思うような行動がとれない……。こんなふうに、自分で行動制限をしてしまうことになるのです。本当はそんなに気にしていないことも、「気になってしまって、不安なんです」と、ときどきアピールをしなければならなくなります。つまり、自分に対して嘘をつき続ける行動をとらざるを得なくなっていくのです。

このように人に好かれたくてつい話を盛ってしまったり、病んでいるアピールや繊細さんアピールをしてしまったりするＡＣさんは、ときどきそんな自分を振り返って自己嫌悪に陥ります。「自分は嘘つきで、恥ずかしい人間だ」と、ますますありのままの自分を認められなくなっていくのです。

でも、そんなふうに嘘をついてしまうのって、本当は人間らしくて、かわいくもあると僕は思うのですが……。

あなたもＡＣさん？　チェックしてみよう

ここまで、ＡＣさんがどのような場面で、どのように生きづらさを抱えているのかお伝えしてきましたが、思い当たるお話はあったでしょうか？

ＡＣさんは時に、空気を読みすぎて必要以上に気を遣ったり、過剰に不安になって自分を責めてしまいがちになったりします。しかし、それは決して本来の性格や繊細さによるものではありません。そして、病気なわけでもありません。

生きづらい状況の原因になっている子ども時代の傷つきに向き合い、その傷を癒やすことさえできれば、もっと自分自身も周りの人も幸せにできるようになっていくのです。

日本ではここまで挙げてきたような生きづらさを「甘え」と解釈する風潮がありま す。ですが、生きづらさは、現代社会において僕たちが抱える抽象的な感情のひとつで、自己価値観の問題、周囲との関係性、自己認識の歪みなど、多様な要因から生じるものです。それなのに、なぜ「甘え」と言われてしまうのでしょうか。

そのひとつの理由は、「見えない苦しみ」に対する僕たちの理解が不足しているからかもしれません。

生きづらさは体の病気のようには見えませんし、明確な外的要因がないケースも多々あります。ゆえに「生きづらさ」が甘えだと誤解されることが多いのでしょう。

さらにもうひとつの理由として、日本社会には「耐える」ことが美徳とされる文化が根付いていることも挙げられます。そのため、**生きづらさを訴えることは「耐えきれない」と言っているように解釈され、「甘え」とラベリングされてしまうのです。**

このように生きづらさを甘えと一概に片付けてしまうと、その人が抱えている心の問題を見過ごし、解決の手掛かりを失うことにつながってしまいます。生きづらさは、その人が抱える内面的な葛藤や苦悩の表れであり、それを理解し、支えることこそが必要なのです。

僕たちが「生きづらさ」を理解し、寄り添って対話を深めることで、社会はより包容力を高めていくことができます。誰にでも生きづらさはあるからこそ、一人ひとりが自身の生きづらさを認め、他人の「生きづらさ」を否定せず、一歩ずつ理解することが大切なのです。

自分の生きづらさを無理に隠すのではなく、自己観察をして受け入れることで、本当の自分と向き合う勇気が生まれます。生きづらさを感じているのは自分だけではなく、決して甘えでもありません。自分がＡＣさんと気付くことも、甘えにはつながりませんので、どうぞご安心して第2章に進んでいただければと思います。

自分がACさんかどうか、まだよくわからないという人には、チェックシートを掲載しますので、確かめてみてください。

10個以上当てはまった場合には、
ACさんである可能性が高いです。

- □ 相手に見捨てられるのではと不安で眠れないことがある
- □ 自分のことが好きになれず、うらめしく思うことがある
- □ 自分を大切にするという意味が、正直なところよくわからない
- □ 自己肯定感が低くメンタルを強くしたいと思っている
- □ 変わりたいと思うけれど、変われない自分にイライラする
- □ 適当に嘘をついて自分自身を偽ってしまうことがある
- □ 親の期待に応えようとして、自分の欲しいものや必要なものを犠牲にしてきた
- □ 感情を表に出すことが怖くて、自分の感情を抑え込むことが多い
- □ 他人の問題を自分の問題として引き受けてしまう
- □ 過去の失敗が忘れられず、行動を起こせなくて落ち込む
- □ 他人の成功を見ると、自分は何も成し遂げていないと落ち込む
- □ 他人に依存することでしか自己価値を感じられない

＼あなたもアダルトチルドレン？／

生きづらさチェックシート

□ 何でも結果を出さないと認めてもらえないと思っている

□ 大人になってからメンタルが弱くなったと感じている

□ 条件をクリアしないと親からほめてもらえなかった

□ 怒られないようにいつも親の顔色をうかがってきた

□ 両親がケンカをしてても明るく元気な振る舞いをしていた

□ 何もしていないのに、親の機嫌で八つ当たりを受けてきた

□ 兄弟姉妹の中で、一番年上なんだから我慢しろとよく言われた

□ 親に相談しても頭ごなしに否定されて苦しかった

□「○○さんの子と比べてあなたはダメね」とよく言われた

□ 人とのすれ違いが起こると、嫌われないか不安になる

□ いつも「いい人」でいようとしてしまいがち

□ 自分の本音を抑えて周りに合わせてばかりいて疲れる

第2章

あなたが悪いわけじゃない

繰り返しますが、アダルトチルドレンとは、子どもの頃の傷つき体験が原因となって生きづらさを抱えてしまっている状態のことを言います。では、具体的にどのような体験が、どのような生きづらさにつながっていくのでしょうか。

ＡＣさん（アダルトチルドレンの状態を抱える人々）によく見られる考え方や行動の背景にはどんな傷つきが隠れているのか、そのメカニズムを説明していきましょう。

抑圧された子ども時代から愛着障害へつながる

ここで、アダルトチルドレンとは何か、もう少し詳しく説明しておきたいと思います。

アダルトチルドレンという言葉はもともと１９７０年代にアメリカで発祥したものです。当時、アルコール依存症の親やＤＶをする親のもとで育ち、その傷を抱えたまま大人になり、さまざまな生きづらさを抱えている人の状態を指す用語としてケースワーカーなどを中心に広まったのが、この言葉です。

今はもっと多様なケースで子どもの時期に傷つき体験をした人を指すようになって

いますが、当時から共通しているのは、その生きづらさが愛着障害に絡んでくるということです。

虐待とまではいかなくても、子どもの頃にちゃんとした家庭環境で育つことができなかった人、子どもらしく過ごすことができなかった人などが、自分自身との向き合い方や、人との関係性において困難を抱えてしまうのが、アダルトチルドレンという状態です。最近よく言われる、ヤングケアラー（病気や障害のある家族や、お世話が必要な小さな兄弟や高齢者などがいて、そのケアを担っている子どもや若者）も、ACさんの中にはときどき見られます。

ACさんの中には、子どもの頃のどんな経験で傷ついたか、自覚のある人もいれば、よく思い出せないという人もいます。何かイヤなことがあったはずだけれど、むりやり忘れている人もいます。また、慢性的な家族関係の中でじわじわと傷ついていった人もいます。

たとえば、親子の間に強い上下関係があり、なかなか対等な人間として見てもらえない中で育てられた人や、常に親がイライラしていて、機嫌を伺いながら生活していた人。また、「あなたは一流大学に行くべき」「あなたは長女らしくふるまうべき」など、「○○すべき」という親の価値観に縛られてきた人などは、特別に「あのときに傷ついた」というハッキリした経験は思い出せないかもしれません。

そうした家庭の中で、子ども時代には家族間のバランスをとるようにふるまってきた人、ピエロのようにふるまって周囲を笑わせるよう頑張ってきた人、目立たないよう寡黙にふるまって乗り越えてきた人などが、ACさんとなっていきます。

そんな頑張りを大人は誰も見てくれず、ほめてほしいとき、かまってほしいときに振り向いてもらえず、「私はダメなんだ」「親に見捨てられているんだ」という感情が心の中に蓄積していき、愛着障害へと発展していくのです。

親子関係と愛着スタイルの関連性

アダルトチルドレンは、ほとんどが親あるいは養育者との関係性から来ているものです。一部、信頼していた学校の先生や親しい近所の大人など、別の身近な大人による影響もありますが、大半は親子関係に影響を受けています。

親子の状態と愛着スタイルとの関係は、大きく次の4パターンに分けられます。

▽**安全型**（Secure）：親や養育者と安定した関係を築けており、自分自身と他者を信頼できる
▽**不安型**（Anxious）：親や養育者と不安定な関係にあり、他者からの愛情や承認を強く求める
▽**回避型**（Avoidant）：親や養育者との間に距離を保ちたがる傾向があり、他者への依存を避ける
▽**恐れ混乱型**（Fearful-Disorganized）：親や養育者との関係が不安定で、他者との関係に対して不安と恐れを抱える

この中で、不安型の人は、愛着不安が強く表れることが一般的です。不安定な関係

というのは、条件をクリアしないとほめてもらえなかったり、親の気分によって自分の扱われ方が変わったり、子どもの意見をほとんど聞いてもらえないなど、信頼や愛情や尊重を安定的に受ける経験がないような親子関係のことを言います。

こうした環境で育って大人になった人は、パートナーや友人からの愛情やサポートが不十分だと感じやすく、過剰に依存してしまったり、強い嫉妬心を示したりすることがあります。これが、アダルトチルドレンの典型的な状態のひとつです。

親からもらえなかったものを、大人になったときに他者からもらおうとする。あるいは親にそうしてきたように、なんとか嫌われないようにとふるまう。この愛着不安な状態が、アダルトチルドレンということになります。

HSP（繊細さん）も、具体的に掘り下げてみるとACさんだったということはよくありますし、人間関係がうまくいかないだけでADHDと診断されてしまっていたり、自己判断していたりするACさんもいます。

あの頃もらえなかった親からの愛

ではここから、なぜ幼少期の傷つきがどのように愛着障害へと結びついていくのか、そのメカニズムをひもといていきましょう。

僕のところに相談に来るＡＣさんの中には、子どもの頃のことをこんなふうに語る人が少なくありません。

「学校のテストでいい点がとれないとチクチク言われた。仮にいい点をとっても、『ふーん』で終わってしまって、ほめてはもらえなかった」

「ほめてもらえると思って部活の試合でがんばったことを話しても、たかが学校の部活とあまり聞いてもらえなかった」

このように、認めてもらえることが条件付きだったり、ほめてもらいたくて頑張ったのに無視されてしまったりという経験が積み重なっていった人は、強い愛着不安を持って大人になっていきます。

学校や部活での頑張りだけでなく、親と買い物に行ったときに、「このお洋服いいな」とほしいものを言ってみたところ、「そんな変な服着るの？」と一蹴されてしまうことが多かったという人。友達と遊んでこんなことが楽しかったんだよ、と話そうとしても「今忙しいから」「あっ、そう」で耳を傾けてもらえなかった人。こうした経験のある人が、大人になって人間関係を築く上で困難を抱えるようになっています。

子どもは、親に認めてほしい、ほめてほしい、笑ってほしいと思うのが普通です。しかし、それがいつの日も叶わない。さらに、親に頼らないと生きていけないため、食事をとらせてもらったり、お小遣いをもらったりするために、機嫌を伺って過ごしていくことになります。親が納得するような自分になりたいけれど、それが叶わず、さらに生きていくためにせめて怒らせないようにしなければいけない……。

そんな抑圧された環境で育ち、大人になると、今度はその関係性を他の人にも投影していくようになります。たとえば、職場の上司です。

上司に対しても、「人よりもいい業績を残さないと、部下として認めてもらえないのではないか」「誰よりも頑張らないと、評価してもらえない」と考えてしまい、無理に無理を重ねてしまうようになるのです。上司に何か報告をしたときに、素っ気ないリアクションをされると、「自分はダメなんだ」と簡単に落ち込んでしまいます。

本当は上司も周りの人もその人の頑張りをわかってくれていたとしても、「すごいね」「頑張ってるね」といった言葉がもらえないことで、もっともっと自分にプレッシャーをかけ続け、燃え尽き症候群になる人もいます。

リアルな人間関係だけでなく、SNS上のやりとりでトラブルを起こしてしまう人もいます。子どもの頃の「親に認めてほしい」という欲求が叶わず、SNS上で少し「いいね」が多くついたり、コメントでほめられたりすると、承認欲求が一気に爆発してしまい、スマホ依存になってしまったり、そのうち炎上してしまったりするケースもあります。

過干渉や過保護も傷つき体験になる

子どもの頃の傷つき体験というと、親からほめてもらえないなど愛情を十分に感じられなかったり、虐待を受けたりといったことを想像しがちですが、過干渉や過保護な子育てをされた人も、ＡＣさんには多く見受けられます。

僕たちの人生は、親からどう育てられたかに大なり小なりの影響を受けて生きています。それは、僕たちの人格を形成し、対人関係を築く基盤となり、自己認識や自己成長の道しるべのひとつにもなっています。

その中でも、過干渉や過保護な子育ては、大人になってからの生きづらさに大きく影響をしてしまうのです。

過干渉とは、「子どもが望んでいないことをやりすぎること」です。過保護とは、「子どもが望んでいることをやってあげすぎること」です。

こうした子育てをする親は、「ヘリコプターペアレント」「カーリングペアレント」とも称されます。ホバリングするヘリコプターのように近くで子どもを見張り、必要以上に子どもの行動に関わり続けようとする親、あるいはブラシで氷をならすカーリングのように子どもの行動を先回りし、失敗しないように整えてしまう親ということです。

こうした育て方は、子どもが自分で問題を解決する能力を奪ってしまう可能性があります。

本来は、いつでも帰れる場所があり、いつでも味方でいてくれる親がいるという安心感のもと、子どもは外に出てさまざまな人と出会い、さまざまな経験をし、時には失敗をして学んでいきます。その経験が、問題解決能力を培っていきます。

しかし、自分が望んでもいないことまで親が手を出し、望むことも何のハードルもなくできるように整えてもらえる環境にいつづけると、その能力を育むことができなくなります。

結果、小さなハードルさえ乗り越え方がわからなくなってしまい、生きづらさを抱えることになってしまうのです。

また、物事の責任がどこにあるのかも、なかなかわからなくなってしまう傾向もあります。

たとえば、毎朝学校に行くために親に起こしてもらい続けると、寝坊したときにその責任は親にあるのか、子どもにあるのかわからなくなるといった具合です。親が起こしてあげるのが当然だという家庭で育つと、「起こしてくれなかった親が悪い」ということになりますが、朝起きるかどうかは子ども自身の責任の範疇《はんちゅう》です。

あるいは、進学先を親が勝手に決め、「ここを受けなさい」と受験して不合格になったときに、子ども以上にショックを受けて嘆き悲しむケースもあります。しかし、合格不合格は子どもの責任です。親の人生ではなく、子ども自身の人生に関わることです。

このように親の責任と子どもの責任をあいまいにされたまま大人になると、何か失敗をしたときに、その原因がどこにあるのか、誰がどうすべきだったのか、わからなくなって受動的になってしまいます。そのため、大人になってからも失敗を他人のせいにしたり、物にあたったり、自分の根元に自信を持てなかったり、何かにつけて無気力になったりしてしまうのです。

これも、一種の「親から傷つけられた経験」として、ACさんにとっての過去の呪縛になっているケースがよく見られます。

ここでは、みなさんの「自己責任感」を再評価してみていただきたいと思います。

自己責任感の再評価

① 自分が過剰に責任を感じてしまう状況を書き出してみましょう

例：「プロジェクトが遅れた時、全部自分のせいだと思ってしまう。」
「家族が病気の時、もっと何かしてあげなければと自分を責める。」

② ①で書き出した状況で、自分の責任はどこまでか、他人の責任はどこからか書き出してみましょう。

例：「プロジェクトの遅れはチーム全体の問題。自分だけの責任ではない。」
「家族の健康問題には、医者や家族も関与している。自分にできるのは支えることだけ。」

③ 自分自身が過剰に責任感を感じないためには、どう考えたり行動を変えればよいのか、アイディアを書き出してみましょう。

例：「プロジェクトが遅れたら、どんな助けが必要かチームに聞いてみる。全部自分一人で解決しようとしない。」
「家族が病気の時、できる限りのサポートをするだけで、すべての責任を自分が背負わないようにする。」

親が毒親とは限らない

最近は「毒親」「親ガチャ」という言葉をよく聞くようになりました。アダルトチルドレンと聞くと、この「毒親」のもとで育った人や「親ガチャ」に外れた人というイメージを持っている人もいるかもしれません。

前述したように、親の過干渉や過保護によって、生きづらさを抱えることになってしまった人もいます。

しかしACさんは、必ずしもいわゆる毒親のもとで育ったケースばかりではありません。経済面などで不利な環境にある家庭でもなく、一般的には何の問題もないような両親のもとで大切に育てられても、生きづらさを抱えてしまう人もいます。

ちょっと両親がケンカをしたときに家族全体のバランスをとろうと明るく振る舞ってしまったり、親がどちらも高学歴がゆえに「自分も同じくらいのレベルじゃないと認められないのでは」と思い込んでプレッシャーを感じてしまったりといったことが続き、ＡＣさんになっていくケースもあるのです。

特に強要されてきたわけではなくても、暗黙のルールの中で、常にいい子にしていないと見捨てられるという不安から完璧主義になってしまい、仕事でも「この程度では評価されない」と判断し、自分を追い込んでしまう。恋人にも、「もっと尽くさないと存在を認めてもらえない」「もっとかわいくならないと相手と釣り合わない」などと考えてしまう。そんなＡＣさんもたくさんいます。

親が毒親だったかどうかにかかわらず、親とどんな関係性だったか、それを子どもとしてどう受け止めてきたのか、どうふるまってきたのかが、生きづらさの有無に関わっていくのです。

人それぞれ顔が異なるように、生きづらさの種も人それぞれです。

ここでいったん、みなさんの生きづらさがどんな経験に基づいているのか、整理してみていただければと思います。

生きづらさの種を見つけてみよう

①日々生きづらいと感じることを箇条書きで書いてください。

②①でリストアップした生きづらさの原因が何なのか、可能な限り具体的に考えてみましょう。

③これまでどのようにこの生きづらさと向き合ってきましたか？
その方法が自分にとって有効だったかどうかを振り返りましょう。

恋人ができると母親に紹介したがる人

ＡＣさんの特徴的な行動には、過去の親子関係が影響していることがほとんどです。どのような親子関係だったか、そのとき本当は親にどうしてほしかったかなど、深層心理におけるいくつかの要因によって、行動パターンができていくのです。

たとえば、ＡＣさんによく見られるケースとして、恋人をすぐに母親に紹介しようとするという事例が挙げられます。この背景には、こんな心理的動機が考えられます。

▽**承認と肯定の求め**：ＡＣさんはしばしば、自分の価値を親（この場合は母親）からの承認を通じて確認しようとします。恋人を母親に紹介することにより、自分の選択や人間関係が「正しい」と認められ、自己肯定感を得ようとする可能性があります。

▽**親子関係の修復**：機能不全家族で育った経験を持つ人々は、親との関係を改善したいという無意識の願望を持っています。恋人を紹介することで、ポジティブな関わ

りを築こうとする試みである可能性があります。

▽依存関係の反映：アダルトチルドレンは時に、親への過度な依存を繰り返すことがあります。この行動は、重要な人生の決定や関係においても親の意見や承認を求める傾向の表れである可能性があります。

▽家族の価値観への同調：家族の価値観や期待に沿うパートナーを選ぶことで、家族との一体感や連帯感を感じようとする心理が働いている場合があります。この行動は、自己のアイデンティティ（存在価値）や選択を家族に受け入れてもらう試みとして見ることができます。

他にも、過去の親子関係が影響を及ぼしている、ＡＣさんがとりがちな行動を次にいくつかお伝えしていきます。

嘘がやめられなくなるのはなぜ？

第一章で、ＡＣさんがとりがちな行動のひとつとして「話を盛りがち」「つい嘘をついてしまう」ということをお伝えしました。

このケースは、子どもの頃、親からほめられたいがために少し話を大きくしたり、嘘をついたりした経験がある場合が大半です。テストで90点をとり、他に１００点の子がいたとしても「自分がクラスで一番だった」と、ちょっと嘘をついてしまったところ、親から大喜びされた。そんな成功体験から、子どもの頃から話を大げさにしたりして、嘘をつくのがやめられなくなってしまっている人もいます。

自分が嘘をつくことで人に喜ばれたことから、次も喜ばれたい、ほめられたいという思いで、嘘をつくクセがついてしまい、嘘をついている自覚があることで自己嫌悪に陥ってしまう。嘘をつかずにいたら自分には価値がないとバレてしまうと恐れて、さらに嘘を重ねてしまう……。そんな悲しい状況に陥ってしまっているＡＣさんも、少なくありません。

周りの人に注目されたい一心で自己顕示欲が肥大化し、危ない行動に走ってしまう人もいます。そうした人は、精神医学では演技性パーソナリティ障害と診断されることもあります。

たとえば、男女問わず肌の露出が多い服装をしてしまう承認欲求型。男性だったらVネックの深い服を着たり、筋肉を見せたがったり、女性だと寒い冬でも常にミニスカートを履いたり、体型がわかるぴちっとした服や胸元の開いた服をあえて着たり。周りから良い反応が得られると、更にエスカレートしてしまうこともあるので、性的な目で見られることでしか自分の価値を感じられなくなることもあります。

また、悲劇のヒロイン型も危険です。このタイプの方は、常に自分はかわいそうだという話をして同情を求めながら、快楽を感じていく人です。これを続けていくと、「もっと注目されたい」「もっとかわいそうな人になりたい」と、過去の記憶をすり替えて、どんどん嘘を膨らませ、ありもしなかった被害体験を作り出したり、無実の加害者を勝手に生み出してしまいます。

見栄や嘘から演じた自分によって他人からの関心や歪んだ愛情を手に入れてしまうと、そこから抜け出せなくなり、どんどん認知が歪んでいきます。

また心理学の用語に、「疾病利得」という言葉がありますが、これによって精神疾患のある人の回復が妨げられてしまうというデメリットがよく言われています。ＡＣさんが嘘をやめられなくなってしまうのも、まさに同じメカニズムです。

疾病利得とは、家族や周囲の人が心配して優しくしてくれるようになるという体験のことです。嘘でごまかして経済的な支援を得ることも、疾病利得に含まれます。こうした利得があるため、回復したいという気持ちがある一方で、回復したら利益が得られなくなるという不安が無意識に生まれてしまい、回復の妨げになっているケースも多いです。

嘘をついてしまう自分はイヤだけれど、周りが喜んでくれたり、面白がってくれたりするというメリットを手放せず、嘘をつき続けてしまうのです。

被害者ポジションが心地よくなる

どんな時に人間関係の悩みがでるのかをACさんに詳しく聞いてみると、「こんなに頑張ったのに相手に応えてもらえない」「いつも自分だけが空回りしている」といった話が出てくることがよくあります。これは、下から相手の心に入ってコントロールしようとした結果、見返りが思ったほどもらえなかったということです。

最近相談を受けた人の中にも、このようなお母さんがいました。

「私は子どものためにこうすべきと思って努力してサポートをしているのに、子どもが頑張ってくれません。夫に相談してもあまり聞いてもらえず、私だけが頑張っている状態です。私は家庭でも頑張って、仕事でも今の地位を得たのに、それが夫には伝わらず、家の中でも冷たくされてばかりなんです」

この方は、自分がどれだけ努力をしてきたか、子どもにはどうしてあげるべきだと考えているかを、僕にたくさん話してくれました。このお母さんの望みを聞くと、「子どもや夫が私の努力を理解し、変わってくれること」でした。現実的にはそうなっていないので、僕の前で、自分がいかに報われないかを伝えたかったのだと思います。

これはACさんにありがちな態度で、自分からあえて下から入っているのに報われないと、今度は被害者のポジションをとって相手を悪く言いはじめ、なぜ変わってくれないのかと責めるようになるんですね。

ACさんは、最初から被害者になりやすいポジションをとり、自分がこれ以上傷つかない状態をしっかり作ってから相手をコントロールしようとし、それがうまくいかないと被害者として相手に要求を突きつけてしまうのです。

被害者でいれば、自分はこれ以上責められることも、傷つくこともありません。すでに努力をしたわけですから、相手に文句を言われる筋合いもありません。自己防御のために、被害者ポジションは最適です。

しかし、その結果、相手が「なぜそこまで言われなきゃいけないんだ」「こっちが頼んだわけじゃない」とストレスに感じてしまうこともあり、結果的に関係がさらに悪化してしまうこともあります。

本当は、下から相手をコントロールしようとするのではなく、正面から「こうしたいと思うけど、どうかな」「あなたはどうしたい？」など話し合うことができれば話は簡単だったのに、いつの間にか関係が大きくこじれていってしまうことが多いのです。

過去が今の自分を作ったという思い込み

アダルトチルドレンは子どもの頃の傷つき体験に起因するといっても、先ほど述べたように、必ずしも親が悪いわけではありません。なぜなら家族関係や経済面など家の状況がまったく同じ条件だったとしても、ＡＣさんになるかならないかは、その人の性格や特性、考え方、価値観などによっても異なるからです。

たとえば学校生活の中で友達とケンカしてしまったことを親に話したとき、親としては子どもにも非があったと考え、「それはあなたの方が悪いと思う。明日、謝ってみたら？」と全面肯定をしてくれなかったということで、心に傷が残ってしまっているＡＣさんもいます。親としてはしっかり話を聞いて答えたつもりなのですが、本人にとってはそのときには「○○ちゃんも悪いと言ってほしい」という思いに応えてもらえず、自分ばかりが傷ついてしまう。そんなことが年齢と共に重なって、アダルトチルドレンにつながるケースもあります。

自分はアダルトチルドレンかもしれないと思うと、多くの人はまず、「親が悪いんだ」「うちの環境が悪かったから」と思い浮かべ、その過去にとらわれてしまいがちです。

しかし、全部を過去のせいにしてしまっていると、ＡＣさんの苦しみは軽減されません。そもそも、過去は変えられるものではないので、過去ではなく自分自身の心ときちんと向き合い、今、変えられる部分を見つけていくしかないのです。

またＡＣさんの中には、過去に原因を探していくことで親への憎悪を膨らませ、親との関係をさらにこじらせていってしまう人もいます。回避のために親への憎しみから距離を置いてはみたものの、それでもモヤモヤした気持ちが溜まっていくので、親と会うたびに嫌なことを言ってしまったり、親のささいな言葉に必要以上に傷ついたり……。そんなことの繰り返しになってしまうのです。

これでは解決どころか生きづらさが増すばかりですので、過去は過去としてそこにとらわれず、今の自分を大切にしていくことに目を向けていかなくてはなりません。

古い価値観が強い家庭からも影響を受ける

親との関係性だけでなく、家族全体やその時代における社会の価値観から、生きづらさを抱えるようになる人もいます。

特に、家父長制の意識が強い昭和の家庭で育った女性は、ＡＣさんになりやすいです。

「女性は家事全般を当たり前にこなさなくてはいけない」

「常に男性を立てること」

「女性は学歴や出世よりも、家を守ることを優先すべき」

といった家庭に育てられた人が、大人になって家族を持ったときに、生きづらさを強く感じることがあるのです。

たとえば、ちょっと体調が悪いときに、家族が家事を手伝うと言ってくれているのに、

「いつも自分がやっていることなのに、やらせてしまって申し訳ない」

と感じてしまって、必要以上に自分を責めてしまったり、あるいは、家族が何も言わずに家事を手伝ってくれたときに、

「私は妻としてダメなんだろうか」

と自己嫌悪に陥ってしまう人。ここまでいかなくても、「女性はこうあるべき」という昭和の価値観から外れた行動に心地悪さを感じ、自分の本当の気持ちや本来したいことが見えなくなってしまっている人は、ＡＣさんだと言えるのです。

男性の中にも、男は常に出世を目指すものだ、お金をしっかり稼いでこそ一人前だ、

といった価値観に縛られて、「こうすべき」ことから脱線しないように生きづらい道へと自分を追い込んでしまっているACさんもいます。

こうした人も、今の時代は価値観が変わっているということは頭ではわかっているのですが、そこから外れてしまうと「親から認められなくなってしまうのでは？」「家族に受け入れてもらえなくなるのでは？」という怯えから、感情や行動を抑制してしまっているのです。

親子だけの関係でなく、祖父母や親戚を含めて、このようなこり固まった価値観に強く縛られた「家」も、ACさんの要因になっていることがあります。世の中には、ACさんの状態になっている人が、思いのほか多いのです。

自分の周波数をどこに合わせるか？

ACさんにとって、世界は今、どんなふうに見えているでしょうか。

僕の経験では、朝起きて食事をして、出勤をして働いて……その日々の景色はずっと、「苦しい」「悲しい」「つらい」というフィルターに覆われていました。過去も今も絶望的に見えているがゆえに、将来のことを考えても、「きっとつらいことばかりだ」「この先もまだ苦しいんだろうな」と思ってしまうのです。

でも、周りを見渡してみると、そうではなさそうな人もいます。「毎日が楽しい！」「未来は明るい！」と、幸せそうだったり、ワクワクした気持ちで何かに取り組んでいたりする人もいます。僕はそれを見て、「ポジティブにならなければいけない」と思い、さまざまな自己啓発書を読んで自分を変えようとしました。

ところが、一時的には前向きな気持ちになれても、すぐにまた元に戻ってしまうのです。また目覚めてから起きるまで、世の中がずっと真っ暗に見える。暗い雲がかかったような景色にしか見えない。

「自分はこんなに頑張ったのに、やっぱりダメなんだ」

とまた悲しい気持ちになってしまう。そんなことを繰り返していました。

多くのＡＣさんも今、当時の僕と同じような状況にあるのではないでしょうか。

それは、アダルトチルドレンでたとえるなら、周波数を「苦しい」「悲しい」「イライラ」といった感情に合わせて世の中を見ている状況だからなのです。他にも「幸せ」「楽しい」「嬉しい」などの周波数も選ぶことができるのに、「苦しい」「悲しい」「イライラ」ばかりに周波数を合わせてしまうと、目に見えるもの、感じとれるもののすべてを、その周波数に合わせて受け取ってしまうようになります。

たとえば「幸せ」の周波数に合わせて過去を振り返ってみると、見えてくるものは母と公園に行った楽しい思い出、家族で外に出ておいしい食事をした思い出、逆上がりができてほめてもらったことなど、「幸せ」の周波数に合った思い出が浮かび上がってきます。

しかし「悲しい」に周波数を合わせて過去を見ていると、親が忙しくて話を聞いてくれなかった場面や、機嫌が悪くて必要以上に叱られた思い出、両親がケンカをしているそばでそっと気配を押し殺していた場面など、「悲しい」の周波数に合った思い出しか浮かび上がってきません。

誰の人生でも、つらいことや悲しいことしかないわけでなく、嬉しいこと、楽しいこともあって構成されているはずです。どの周波数に合わせて自分の人生を見るかによって、過去も現在も未来も変わるのですが、ACさんは生きづらさから、決まった周波数ばかりにフォーカスをしてしまうのです。

つまりACさんは、この周波数を「苦しい」や「悲しい」「イライラ」から変えないまま、何とか今の生きづらさから抜け出せないかと考えてしまうことがほとんどです。無理にポジティブになろうとしても、少しうまくいかないと「ほらやっぱり」と「悲しみ」のほうに目を向けてしまいます。

ACさんがこの周波数を手放せないのは、「今までこんなにつらいのに頑張って来たから」という自負があるからでもあります。今さら、「家族で楽しい時間もあった」「親に優しくしてもらった場面もあった」ということにフォーカスして過去を振り返ってしまうと、そこまで頑張る必要はなかったのではないか、実は過剰に期待していたのは自分だったのではないかと、今までの自分が否定されるように感じてしまうのです。

ゆえに、「いや、自分はつらい思いをしてきたんだ」ということに固執してしまい、周波数を変えることができない……。これでは、生きづらさを手放すことはできません。

このように多くのACさんは、「幸せ」や「うれしい」などの周波数で世の中を見ることに、少し抵抗があるのが事実ではないでしょうか。でも、思い切ってそれを変えてみると、見える世界は全く新しいものになっていきますし、生きづらさはみなさんが思っている以上に軽減されていくと思います。

では、どうしたら今の生きづらさを手放すことができるのでしょうか。

第3章

生きづらさを手放すためにできること

アダルトチルドレンという生きづらさはどこから来るのか、なぜ生きづらさを抱えることになってしまったのか理解していただいたところで、いよいよ本題です。どうすれば、その生きづらさを手放すことができるのでしょうか？

本章では、スタート地点となる「内なる自分との対話」から、その後どのような意識や行動が変化を促してくれるのか、さまざまなメソッドを紹介していきます。

第一歩は自分で「自分の本音」を見つめることから

みなさんが今抱えている生きづらさを手放すためには、何をしていけばいいのでしょうか。

僕のところに相談に来る方の多くは、こんなふうに言います。

「私は明日からどう生きたらいいんでしょうか」

「すぐに解決したいのですが、何からしたらいいんでしょうか」

残念ながら、この答えを僕はすぐに出すことができません。なぜなら「どうしたらいいか」「何をすべきか」は、自分自身の心に聞くしかないからです。

ＡＣさん（アダルトチルドレンの状態を抱えている人々）は、これまで自分が何をしたいか、何をすべきなのか、どんな自分でいたいのかを見失ったまま、生きづらさを抱えて歩んできています。「相手に評価されるためには」「世の中の意見としては」といったことが行動や思考の物差しとなってしまい、偽りの自分を本当の自分だと思い込み、本来の自分にフタをした状態で生きているままでは、「何をしたらいいか」を考えることはできません。

ですが、その「何をしたらいいか」を知るためにできることはさまざまあります。それは、まず「今の自分を見つめる」ということです。自分は今、どんな考えや行動をする傾向にあるのか。その背景には何があるのか。本当はどうしたいのか、どうなりたいのかを見つめ直していくことです。

今の自分を見つめるというと、職場での自分、友達や恋人と過ごしているときの自分、一人でいるときの自分とは違うから、どれが本当の自分かわからない、という人もいます。しかし、分けて考える必要はありません。どれも自分であることに変わりはありません。どんな場面の自分も大切な自分として、見つめ直してみてください。

そして、自分が外から傷つけられることを防ぐために選択してきた行動や思考が、実は自分自身を最も傷つけていたのだと知ることが、生きづらさを手放すための第一歩となります。

ACさんにとってまず大切なのは、メンタルを強くすることではなく、「生きづらさの種」に向き合うことです。心のフタを外して勇気を出して自分の内側をのぞき込み、過去に一番苦しかったこと、衝撃的だったことを探ってみてください。

インナーチャイルドと向き合おう

自分の内側で座り込み、膝を抱えて泣いている自分（インナーチャイルド）。過去をいろいろ思い出していくと、「あのときもこう言われて嫌だったな」「そういえば、あんなことも……」と次々とネガティブな思い出がよみがえってくるかもしれません。

でも、そうした枝葉の部分ではなく、最も心に負担をかけたと思えることを探り当ててみましょう。それが「生きづらさの種」となって、心の中で芽を出してしまい、今の状況を作り出しているのです。

ＡＣさんは、スタート地点の「生きづらさの種」を見つけないことには、いくら自己肯定感を上げようとか、ポジティブに生きようと言われて頑張ってみても、すぐにもとの状態に戻ってしまいます。

傷ついている自分を直視することで、また自分が傷つくのではないかと不安に感じる人や、もう今さら嫌な思い出を掘り返したくないという人もいると思います。しかし、勇気を持って自分を見つめ直さなければ、いつまでも今の状況が続き、変わることはできません。

毎日少しずつでも、ゆっくり時間がとれるときでもかまいませんので、「自分は何に一番傷ついたのか」を振り返ってみて、思い当たる出来事を発見できたら、「そのときどういう言葉を本当はかけてほしかったのか」「何をしてほしかったのか」を考えてみてください。

これが、自分の中の「インナーチャイルド」に話しかけるという作業です。

自分の内側で座り込み、膝を抱えて泣いている自分（インナーチャイルド）に話しかけて、「本当はどうしたかったの？」と問いかけ、その思いを聞いてあげることが、ＡＣさんにとって癒やしとなり、生きづらさを手放すことのきっかけになっていきます。

今のみなさんが子ども時代の自分自身の親（インナーペアレント）になるような感覚で、

「それはつらかったよね、苦しかったよね。わかるよ。そばにいるから大丈夫だよ」

と、あの頃の自分に寄り添ってあげることが、いちばんの癒しになっていくのです。

過去の自分と向き合う

過去の出来事と向き合おうとしても、記憶が曖昧で、何が一番嫌な出来事だったのかどうしても思い出せない人もいるでしょう。

どんな出来事があったか思い出せないという人に多いのは、親から日常的に他人と比較され続けたケースです。「お兄ちゃんはできるのに」「妹は明るいのに」と兄弟姉妹と比較されたり、テストの点を見て「平均点がとれない人間はダメ」「偏差値はこれくらいないとダメ」と自分の頑張りではなく他者と比べた点数や偏差値だけで自分の存在を評価されたり。

何かひとつの大きな出来事があっただけではなく、コツコツと「自分を認めてもらえない」体験が積み重なって、心の負担が傷になっていくケースです。

ちょっといい点数がとれても、「いつもそれくらいとってよね」と素っ気ない言葉や態度しかかけてもらえなかったり、できなかったことができるようになっても「そんなの当たり前」とホメてもらえなかったりすることが続くと、心の中に生きづらさの種が生まれてしまいます。

このように、日々の小さな出来事の積み重ねが原因となっている場合には、小さなことでも思い出せるだけ少しずつ書いておくのもいいと思います。

何か大きな出来事を思いだそうとするのではなく、「あれはちょっと嫌だったかも」

ということを少しずつ書き留めて行くと、ノートの全体を俯瞰して眺めたときに共通性を見つけて、「この積み重ねだったんだ」と理解する助けになります。

できれば、出来事の横に、「そのとき本当はこうしてほしかった」という思いもメモしていくとよいでしょう。子どもの頃、自分が本当はどのように接してほしかったのか、うまく言語化できるようになっていくはずです。

書くという行為は、頭の中を整理するためにもとても有効です。頭の中だけで過去を掘り起こそうとすると、同じシーンがループしてしまってその先にいけなかったり、時系列がわからなくなったりしますが、書くことで整理がつくようになっていきます。

また、書いたものを読み返して、改めて客観的に考えてみると、「これはそこまで傷つかなくてもよかったのかも」「今ならたいしたことないと思える」「この場面で自分がこう言っていれば違う展開になったかも」と、反省点が見えてくることもあります。

本書のワークシートをダウンロードして使用してもよいですし、ご自分でノートなどをご用意してもいいでしょう。大切なのは、自分と向き合う時間をつくることです。

過去の傷と必要なサポートを振り返る

①あなたがこれまでに経験した、心に残る傷つきやすい出来事を一つ書いてみましょう。

②そのとき、誰にどんな言葉をかけて欲しかったですか？

③そのとき、誰に何をして欲しかったですか？

エンプティチェアも使ってみよう

インナーチャイルドと向き合うといっても、なかなかその感覚がつかみづらいという人も多いと思います。つらい出来事を思い出すことはできても、そのときの自分の気持ちまで掘り下げて振り返るのは難しいと感じる人もいるかもしれません。そんなときには、「エンプティチェア」という手法を試してみてください。

エンプティチェアとは、ユダヤ人の精神科医、フレデリック・パールズが始めた「ゲシュタルト療法」の中で使われる手法で、現在はカウンセリングやコーチングなどで広く使われています。

「エンプティ」とは「空いている」という意味、「チェア」は椅子ですね。やり方としてはまず、２つの椅子を用意して向かい合わせに置きます。そのひとつに自分が座り、もうひとつの空いている椅子には、誰かが座っていることをイメージします。この状態で会話をしていくのが、エンプティチェアです。

片方の椅子に座ったら、向かいの椅子には子ども時代の自分が座っていることをイメージしてみてください。そして、いろいろな質問をしていきます。この質問内容は、事前に書き出しておきましょう。

「一番悲しかったあのとき、お母さんになんて声をかけてほしかった？」

「自分は本当はどう言いたかったの？」

色々な出来事を振り返って質問したら、今度は向かいの椅子に移動して座り、そのときの自分になりきって答えていきます。最初は演じるようなつもりで、できるだけ会話になるよう一人二役を続けてみてください。慣れてくると次第に、

「こう言いたかったけど言えなかった」

「あれはやめてほしかったけど、ずっと我慢してたの」

と、会話がスムーズになっていきます。その中で、過去の記憶や思いがどんどん掘り下げられていき、たくさんの新たな発見ができるようになっていきます。

今なら、椅子ではなく、ｚｏｏｍやスマホの動画機能を使って、画面の向こうに相手を置いて（つまり、向かい側に自分を映し出して）エンプティチェアを行うのもお

すすめです。こうすると自分の顔が画面越しに見えることで、その話をするときにどんな表情になっているのかがわかるので、自分自身をより客観的に見ることができます。

また、エンプティチェアは自分で自分に相談をするときにも使えます。まず事前に相談事を箇条書きで書いておきます。そして、自分がパーソナリティになったつもりで、

「今日は○○市にお住まいの△△さんからのご相談です」

と自分自身を紹介してみてください。相談内容を読んだら、それについて深掘りする質問をしたり、客観的な意見を出したりしてみるのも効果的です。

こうして自分で自分に話しかけ、答えていくという作業をすることで、自身を客観視して見つめ直すことができ、目を背けていた感情や、忘れようとしていた気持ちを掘り起こすことができるようになります。ここに質問の例を書いておきますので、参考にしてくださいね。

▽子どもの頃のあなたに伝えたいことはありますか？

目的…過去の自分に対する理解と慰めを提供する。

例……「どんな時もあなたは一人じゃないよ、勇気を持ってね。」

▽親や家族に本当に伝えたかったことは何ですか？

目的…家族との関係において未解決の感情を表現する。

例……「もっと支援と理解を示してほしかったと感じています。」

▽自分を制限していると感じる信念は何ですか？

目的…自己制限的な信念に気づき、それを再評価する。

例……「完璧でなければ価値がないという考えが、新しいことに挑戦するのを妨げています。」

▽自分自身にとっての幸せとは何だと思いますか？

目的……個人の幸福観を探求し、真の幸せを考える。

例……「家族と過ごす時間と仕事の成功のバランスが取れている時が幸せです。」

▽あなたが今後挑戦したいことは何ですか？

目的……個人の未来に対する希望や目標を設定する。

例……「料理が苦手だけど、地元の料理教室に参加して他の国の料理なども作れるようになりたい。」

▽自分に対してどのような期待を持っていますか？

目的……自己期待を評価し、健全な自己イメージを作っていく。

例……「こうあるべきという価値観を相手に押し付けずに、もっと柔軟に物事に対応することを期待しています。」

▽あなたが他人に理解してもらいたいと思うことは何ですか？

目的…自己表現の重要性と他者とのコミュニケーションに焦点を当てる。

例……「○○の出来事などの場合。自分の感情が一つしか選択肢がないと思いがち。時に複雑であることを理解してほしいです。」

▽あなた自身の中で変えたいと思う部分はありますか？

目的…自分の弱さを認めながら新しい変化を目指す。

例……「これができない私はダメではない。今は出来ないだけだから大丈夫。」

親を許すことが絶対条件ではありません

僕のところに相談に来る方からは、よく、

「他のカウンセラーさんから、原因となった親との和解が大切だと言われたんですが」

というお話を聞きます。しかし僕は、必ずしも和解が必要だとは思いません。いろいろな世代のお話を聞いていくと、和解しても生きづらさがなくなっていない人や、親とは距離を保ったまま生きづらさを手放して幸せに生きている人もいて、必ずしも和解がACさん脱却とはイコールになっていないのです。

また、過去に親から言われて傷ついたこと、

「あのとき、こう言われたのがつらかったんだ」

と打ち明けたとしても、親は忘れているケースもあります。記憶に残っていないのに「そうだったんだ、ごめんね」「傷つけるつもりはなかったの」と謝られたとして

も、心の奥底のモヤモヤは晴れないという人も多くいます。

謝ってもらったところで自分の心の中の整理ができなかったり、「本当にわかってるのかな」と相手に対してさらに不信感が募ったりすると、生きづらさが余計に増していってしまう場合もあります。また、言われた親のほうも「自分はなんてひどいことをしたんだろう」と自身を責めるようになって関係がギクシャクしてしまったり、「いつまでもそんなことにこだわるな」と逆ギレされて関係が悪化してしまったりするケースも多いです。

カウンセラーによっては、親と和解できるまで頑張ろうとアドバイスする人もいるようですが、人は誰しも、考え方が合わない人や相性の悪い人というのがいます。親も一人の人間ですから、人によってはどうしてもわかり合えない場合もあります。

ですから僕は、親との確執が残っていても、自分の中で当時の出来事を整理して、自分は自分の人生を生きていくんだ、楽しんでいくんだと思えるようになればＯＫだと考えています。

子どもというのは本来親を慕うものですから、「こんな言葉がほしかった」「愛してほしかった」という思いも生まれてしまいますし、「本当は親のことを好きでいたい」という思いもあるでしょう。

ですが、**親であっても自分とは違う人間という意味では他人です。自分の人生と親の人生は別物で、お互いそれぞれの人生を生きています。**わかり合えない状態でも、自分が成長すればわかり合えることも出てくるでしょうし、親に対して「好き」「嫌い」の感情が行き来することがあるのも自然なことです。

好きだから許せない、許せずにいるから自分の心がどんどん傷ついていく。だから許さないといけない……。そんなふうに考えてしまう人もいるかもしれません。ですが、無理やり許しても、腑に落ちなければ生きづらさを手放すことにはつながりません。ですから、**親を許すことが絶対条件ではありません。**

たとえば、僕のように言葉で傷つけられたことや叩かれるなどの虐待を受けたことが許せなくても、許せない自分を許してあげる気持ちを持つことが、生きづらさを手放すことにつながっていきます。相手を許せない気持ちを持ったままでも自分を許し、別のことできちんと幸せを感じられるようになれればいいのです。親のことは「許せないけど好き」ということを理解し、それでもいいんだと思えれば、それ以外のことに目を向けていくことができるようになります。

今の自分は何をするのが好きで、どんなときに笑っているのか。そんな「今の幸せ」に目を向けていけることができれば、生きづらさをなくしていくことは可能です。

無理にポジティブ思考を目指さなくていい

過去の自分と向き合うことができた時点で、ＡＣさんは変わり始めるスタート地点に立ちます。でも、ここで焦りは禁物です。向き合えたからといってすぐに、「じゃあもう前向きになれるはず」「人とうまく関わっていけるはず」と焦らず、ゆっくりかまえていきましょう。

そもそも、人は急に生き方や考え方を変えていくことはできません。焦ってうまく結果が出ないことで、いつまでも負のループにはまり続けてしまうＡＣさんもいるので、注意が必要です。

いつも物事をネガティブにとらえ、自分や他人を責めてしまったり、自己嫌悪に陥ったりするACさんの中には、無理にポジティブ思考を持とうとして自滅してしまう人もいます。僕も、ポジティブシンキングについて書かれた自己啓発書を読みあさり、一時は前向きになれたような気がしても、またすぐに激しい落ち込みに襲われるという経験をしました。

ACさんに大切なことは、今のままの自分をまず肯定してあげることです。物事をネガティブにとらえてしまうことも、**「それが今の自分」と受け止めて、否定しないこと。**これができずにポジティブシンキングや自己肯定感をマストとしてとらえてしまうと、そうできなかった自分をさらに責めてしまうことになります。

無理矢理に物事をポジティブに考えたり、自己肯定感を高めようとしたりすることはテストで毎回30点をとっている人が、一夜漬けで50点にまで上げようとするようなものです。基礎が理解できないまま暗記など点がとれそうなところだけ頭に入れて点数を上げても、しばらくしたらそれを忘れて元に戻ってしまいます。基礎ができないまま学習を進めても、どんどんできないことが増えていって、自分を苦しめるだけです。

そもそも、生きづらさに悩んでいる人は、「自己肯定感を上げなくてはいけない」ということは百も承知だと思います。でも、上げられないから苦しいんですよね。

ですから、まずはそのネガティブ思考になってしまう自分を丸ごと受け止めてあげてください。だいたい、**ネガティブ思考の人が必ずしも不幸になるわけではありません。**ネガティブ思考は物事に対する最初の捉え方が慎重なだけで、リスクヘッジが得意な人でもあります。日本人は特にそうした気質からビジネスを発展させてきている傾向もあります。「今すぐ決断してしまって大丈夫なのだろうか」「そんなにうまくいかないんじゃないか」と最初に考えることでリスクヘッジをして、先々の安全性を手に入れながら着実に事業を前に進めてきた、そんな先人たちによって、日本は発展してきたのではないでしょうか。

また、お笑い芸人のヒロシさんも、ネガティブシンキングを個性として成功しています。いくらネガティブに物事をとらえがちな人でも、自分なりに楽しめることや喜べることはあるはずで、そうしたものを大切にしていけばいいのです。

ネガティブ思考のACさんも、自分なりの楽しみや喜びに目を向けていけるようになれば、亀の歩みでも少しずつ前に進めるようになります。

「いいこと」を書き出してみよう

毎日何かひとつ、「嬉しかったこと」「楽しかったこと」など、よかったことをメモしていくというのも、生きづらさを手放していくのに有効です。

ACさんはつい、苦しみや悲しみ、怒りという感情に集中してしまい、日常の小さな喜びや楽しみに気付けなくなってしまいがちです。第2章でもお伝えしましたが、世の中を「苦しい」「悲しい」というフィルターをかけて見てしまうところがあるのです。そうして自分を不幸キャラとして設定してしまうので、「どうして自分ばかりが」と苦しいことばかりに目が向いてしまいます。

このクセから抜け出すためには、実は日常の中に、小さな喜びや楽しみがあるということに、意識して目を向けてみることが大切です。テレビやＹｏｕＴｕｂｅのチャンネルを変えるように、あるいはラジオの周波数を変えるように、意識を小さな喜びや楽しみに合わせてみると、世の中の見え方や捉え方も変わっていきます。

そのために、毎日ひとつずつ、嬉しかったことや楽しかったことをメモしていくのです。

「取引先の人から『ありがとう』と言われた」

「コンビニで買ったお菓子がおいしかった」

「彼氏が朝からＬＩＮＥを送ってくれた」

「カフェで聞こえてきた音楽が心地良かった」

ささいなことでかまいませんし、何も思い浮かばない一日なら書かなくてもかまいませんし、「雨が降らなかった」「ミスをしなかった」などでも大丈夫です。毎日書くのは大変であれば、週に１度など頻度を決めてもよいでしょう。

生きづらさを抱えている人は、一日の中で、上司や友人、恋人が不機嫌な態度をとったり、マイナスな言葉を口にしたりしたことがずっと気になって、そればかりにとらわれてしまうこともよくあります。

ですが、相手の機嫌は相手のものです。それに対して「うまく対応できなかった」と考え込む必要はありません。自分から人の機嫌をとりにいく行為というのは、これ以上自分が被害を被らないように、あるいは自分が不愉快にならないように、相手をコントロールしようとする行為でもあるのです。

相手の感情は相手のもの。相手が不機嫌になるのも相手の自由だと思い、自分は自分の機嫌をとって、自分の心を整えていきましょう。そのために、日常の「いいこと」をどんどん見つける練習をしてみていただきたいのです。

しばらくルーティンとしてこれを続けていくと、自分がどんなことに喜びや楽しみを感じるのかがわかってくるようになります。そして、書くために意識してそれを探すようになります。これまでとは違った意識が、苦しみや悲しみといった感情から、喜びや楽しみのほうに向くようになっていくのです。

もちろん、つらいことや苦しいことを無理に楽しい、嬉しいと思い込む必要はありません。嫌なことは嫌なままでいいのです。何も感じない物事も、無理に楽しもうとする必要はありません。それはそれとして、「これはちょっと嬉しかったかな」と思えることを探してみることで、**苦しみや悲しみから少しずつ離れる時間をつくることがポイントです。**

苦しみや悲しみが一切ない人生を送っている人は、きっとこの世の中にはいません。ですからそうしたことを無理にポジティブにとらえ直そうとするのではなく、そもそも今の自分がポジティブにとらえられることに目を向けていけるよう、習慣づけてみてください。

なお、スマホのメモ機能などを使うのも便利でよいのですが、先述したように、手を使って「書く」ことで整理できることもあるので、できれば、ノートや手帳などに「書く」ことをおすすめします。

1日1回「ありがとう」と言ってみよう

1日1回、「ありがとう」と、過去の経験から言葉に出して言うことを目標にする方法もあります。

ありがたいと思わないときに無理に言う必要はありませんが、ACさんは他人から褒められたときにも、素直に「ありがとう」と過去の経験から言えない傾向があります。

「きっとお世辞だよね」

「素直に喜んだら、調子に乗ってると思われそう」

などと、自己否定を土台にして人の気持ちを勝手に決めつけてしまい、素直にお礼が言えないのです。

また、人から贈り物をもらったときにも、反射的に心から「ありがとう！」と笑顔で喜ぶ前に、どう反応したらいいかをあらかじめ考えてしまい、ぎこちない「ありがとう」になってしまう人も多いはずです。人から何かをしてもらったときの素直な反応は、ＡＣさんは本当に苦手なのです。

そこで、普段は言わないことにも「ありがとう」を言う練習をして、素直な感謝のハードルを下げるようにしてみてほしいのです。誰かに親切な対応をしてもらったときには簡単に言えると思うのですが、普段は言わないような場面で「ありがとう」と言えることを探してみてくださいね。

たとえば、レジを打ってくれたコンビニの店員さん、朝の駅で安全確認をしてくれている駅員さん、会社のビル清掃をしてくれている清掃員さんなど、僕たちの当たり前の暮らしを支えてくれている人などがわかりやすいでしょうか。

少しずつ人から始まり、物に広げていくこともできます。

トイレに水が流れ、トイレットペーパーがあること。タイマーで起動できるエアコンがあること。１分で食べ物を温められる電子レンジがあること。道に信号があること。当たり前の日常のすべてに、僕たちは感謝の心を持つことができます。

ですが、本当に感謝の気持ちを感じていないのに「ありがとう」と言い続けたところで、あまり意味はありません。大切なのは心の中で感謝できることを見つけて、その気持ちを常に感じられるようになることです。そのためにも、「ありがとう」とまず口に出して言ってみることで、しっくり来るかどうか確かめてみるのもいいと思います。何にでも感謝の気持ちがすぐに持てないからと言って、自分を否定的に感じる必要もありません。そもそも、世の中はそんな人のほうが大多数です。

まずは1日1回「ありがとう」と言える場面を見つけて、言葉にしてみる。そして、何がありがたかったか、寝る前にしっかり考えてみる。この繰り返しで、感謝の気持ちを広く持つことができるようになっていきます。そうなれば、他人から褒められたり、贈り物をもらったりしたときにも、自然な笑顔で「ありがとう」が言えるようになり、感謝を伝えた相手も幸せにすることができますよ。

自己観察から自分を癒やす3つのキーワード

自分で自分のことを好きになれないＡＣさんが今の自分自身を認めていくためには、次の３つのキーワードを使って自分を表現してみるのもおすすめです。

①だからこそ

②おかげで

③改めて考えてみると

自己否定する言葉や、過去や現在のつらい出来事を思い浮かべることは、ＡＣさんにとっては習慣のようになっていると思います。

でも、その後にこの３つのキーワードを使って、話をつなげてみるのです。いくつか例を挙げてみましょう。

①だからこそ

テストでいい点をとっても、ほめてもらったことがなくてつらかった
←
だからこそ、勉強を頑張り続けてたくさんの知識が身についた

②おかげで

弟は親に何でも手伝ってもらえたのに、私は全部自分でやらされた
←
おかげで、一人暮らしをしても困らない生活力が身についた

③改めて考えてみると

父親からよく叩かれたり暴言を吐かれたりして地獄だった
←
改めて考えてみると、父親もつらかったのかもしれない。反抗じゃなく、話し合う機会をもってもよかった

前半の、悲しかったことや苦しかったことを否定する必要はありません。そのときの感情はそのまま受け入れたうえで、その結果自分がどうなったか、プラスの方向から客観的に見てみるのです。

これまで傷ついた自分を直視できずにいたACさんは、自分自身を観察することがとても苦手です。常に人の顔をうかがってしまうため、意識は常に他人に向きがちになっています。そのために、自分自身がどう成長してきたのかわからないまま、「自分はダメな人間だ」と思い込んでいることが多いのです。

ですが、この3つのキーワードを使って、マイナスの出来事から自分がどう変わったかをプラスの方向から自己観察することで、「過去は変えられないけれど、今は変えていける」「実際、こう変わってきたのだから」と感じることができるようになるはずです。

ここでは、「自分はダメな人間」という思い込みをいったん脇に置いて、新しい自分を見つけてみてくださいね。

新しい自分を見つける

①自分にとって大切な価値観を5つ挙げてみましょう。

②自分の隠れた強みを見つけてみよう。

例：「人を楽しませることができる：友人を笑顔にすることが多い」
　　「細部に気を配る注意力：小さな間違いや改善点を見つけ出すのが得意」

**③1年後、3年後の自分はどうなっていたいですか？
その未来に向かって今できることは何でしょうか。**

小さなことから「自分の意志で選ぶ」練習

ＡＣさんは、自分から何かを選びとるということが苦手な傾向にあります。友達と食事に行こうというときに、「何が食べたい？」と聞かれると、いつも「何でもいいよ、○○ちゃんの食べたいものは？」なんて答えている人も多いのではないでしょうか。

本当は食べたいものがあったとしても、それが相手の苦手なものだったらどうしようとか、「それは嫌」と言われたら傷つくのではないかなどと考えて、「何でもいい」と答えてしまうのが、ＡＣさんです。そういうことの連続で、本当は自分が何を食べたいかわからなくなってしまったり、考えること自体をやめたりしているＡＣさんも多くいます。

自分が何かを選び取ってきたようで、実は「こうしたら親が喜ぶから」「こうしないとダメだから」と、常に他者目線で物事を選んできた人もいます。

これがクセになっている人は、日常の中で少しずつ、自分がどうしたいか表現する練習をしていくことが大切です。

何を食べに行くか聞かれて答えるのは苦手でも、ふとした会話の中で、

「そういえばこの前テレビで見たあのお店、行ってみたいな」

「最近、焼肉を食べてなかったかも。久しぶりに食べに行こうかな」

と、食べたいものの話題を振ってみましょう。その流れで「いいね、行こうよ」となり、自然に自分の選択を友達と経験することができるかもしれません。仮に、「私はあの店よりこっちのほうが好き」と却下されたとしても、そのとき、その人はそう思っていただけで、**自分自身が否定されたわけではないということ**は忘れないでくださいね。

また、何を食べたいか聞かれた場面では、特定の食べ物やお店を答えるのは難しくても、

「お昼に定食を食べたから、和食以外がいいな」

「お肉が食べたい」

「あったかいものが食べたい」

など、大まかなジャンルで答えることで、「自分から提案する」ことを経験していくのもよいでしょう。「何でもいい」という答えよりは、相手も「じゃあこれは?」と選択しやすくなってコミュニケーションがスムーズになります。

ここでACさんが気をつけなくてはいけないのは、実際に自分が選んだお店に人と行ったときに、**「本当にここでよかったのか」と白黒つけたがることです。**仮に他の人が「この店、微妙かも」と思ったとしても、それでみなさんの評価が決まるわけではありません。それを気にするよりも、自分が「これ美味しい!」と食べていれば、周りの人も「良かったね」と幸せな気持ちになることもありますし、「微妙だったね」と後から感想を共有して盛り上がることだってあります。

ですから他人の顔を気にする前に、自分が美味しいと感じればそれを表現する、そんな訓練もしてみるとよいかもしれません。

大人になれば、選択肢はさまざまあり、その中から自分で選んでいく場面が増えていきます。小さなことでも、他人を気にせずに「自分はこれ」と選べるように練習していきましょうね。

小さなことから「お願い」エクササイズ

ＡＣさんが苦手なこととしては、「人に何かを頼む」ということも挙げられます。仕事が手一杯なのに人に振ることができず自分で抱え込んでしまい、心身に負担をかけていき、ミスが増えたり結果が出せなくなったりする。これが僕の経験です。

恋愛でも、行きたいところに連れて行ってと彼氏に言えなかったり、相手にやめてほしいことを伝えられなかったりした結果、「彼氏は私に対して何もしてくれない」と相手を責めるようになってしまう人がよくいます。

ひとりで抱え込んでいるのも、言いたいことを言えずに我慢しているのも自分の選択なのですが、そうして頑張りすぎた結果、

「どうして自分ばかりがこんなつらい思いをしているんだろう」

「なぜ私に対しては何もしてくれないんだろう」とストレスに感じるようになり、やりたくてやっていたことさえも負担にしか感じられなくなったり、周りの人を責めるようになったりしていきます。

さらに、周りの人が心配して「大丈夫？」と聞いてくれても、つい「大丈夫」と答えてしまうのもＡＣさんです。でも、最初は大丈夫でもだんだんと大丈夫ではなくなっていき、「こんなに辛抱してるのに誰も認めてくれない！」という思考に陥ってしまうのです。

これも、幼少期から青年期にかけて親から「こういうときは、こうするべき」「どんな思いで育ててやってると思っているの」「親のほうが我慢しているのよ」などと言われ続け、必要なときに助けてもらえなかったり我慢を強いられたりしてきたことが影響しています。

ですが、少し考え方を変えてみてください。実は人間は、人から頼られることに喜びを感じる生き物です。みなさんも、人から「〇〇さんにしか頼めなくて……」なんてお願いされたら、自分は信頼されているんだなと嬉しく感じることはありませんか？

仕事において上司や先輩から自分を選んで頼み事をされたり、恋愛において彼氏から「○○の作った料理を食べてみたい」と言われたりすると、嬉しく感じるものではないでしょうか。

仕事では、自分で抱え込んで何でもやってしまう人よりも、周りの人に適度に仕事を振り分けて、仕事を通じてコミュニケーションができる人のほうがいい結果を残せるということが多々あります。恋愛でも、何でもカンペキにこなせる人より、少し抜けていたり、できないことがある人のほうがかわいく見えてモテたりしていますよね。

でも、人にものを頼むのは苦手……。そんな人は、「他人を喜ばせるためにお願いをする」と考えてみてください。頼られる喜びを相手に感じてもらうために、お願いをするという考え方もあっていいのです。

そのうえで、小さなことからお願いをする練習をしてみましょう。

「棚の上の段に手が届かないんです、とってもらえませんか？」

「ちょっとこれが重くて、一緒に持ってもらえませんか」

「すみません、手が塞がっているのでドアを開けてもらえませんか」

「このフタ、固くて開けられないんですけど、開けられます？」

頑張れば自分でできそうなことも、近くに人がいたらお願いをしてみるのです。やってもらったら、「ありがとうございます」のひと言を返せばＯＫです。小さなことでも「ありがとう」と言われれば、人は嬉しいものです。

そして、「ありがとう」と言うことに慣れてきたら、自分のどんな気持ちが満たされたから「ありがとう」なのか、どんな感情やニーズに応えてもらったことに感謝したいのか、振り返って考えていただくとよいと思います。大切なのは自分の感情と「ありがとう」の言葉がうまく結びつけられるようになることです。そうすれば、もっと自然に周りの人や物事に対して、「○○をしてくれてありがとう」と素直に言えるようになっていきます。

これを日常の中で意識して繰り返していくことで、ひとりで何もかも抱え込んで苦しくなっていくことは減っていくはずです。

ひとり時間の「お楽しみセット」をつくる

最近では「おひとりさま」という言葉もあるように、ひとりの時間を楽しんでいる人もたくさんいるのですが、ＡＣさんはひとりの時間を充実させることが苦手です。ひとりであることを悪いことのように感じてしまったり、自分が好きなことやポジティブに楽しめることは何か考えたことがなかったりするのです。

会社で、自分だけランチに誘ってもらえなかった。学生時代の友達同士で遊びに行った様子をＳＮＳで見てしまったけれど、自分は誘ってもらえなかった。休日、彼氏が他の友達と約束してしまってデートができなかった。このところ、休みの日は誰とも会っていない……。

ＡＣさんは、こうした「孤独」をとてもつらく感じてしまいます。

「自分は嫌われてるのかもしれない」

「自分よりも、あの人のほうが評価されてるんだ」

「私といるより、その人といるほうが楽しいのかもしれない」孤独になったのは自分に原因があるからだと、相手の都合はスルーして自分でジャッジして極論を出してしまい、自己否定を繰り返してしまいがちになります。

こういうときにこそ、前述した「3つのキーワード（①だからこそ ②おかげで ③改めて考えてみると）」を使ってみてほしいと思いますが、もうひとつ自己否定を避ける方法をお伝えします。

それが、ひとり時間を充実させるための「お楽しみセット」をあらかじめ用意しておくことです。好きなことがわかっていればそれでもいいですし、よくわからなければ試してみたいことを準備しておきます。

たとえば、「読書と紅茶セット」。ひとり時間ができたときに読む本と、そのお供に飲む紅茶を用意しておきます。ティーカップなども、お楽しみセット用に用意しておいてもよいでしょう。「お菓子づくりセット」なら、お菓子づくりの材料と調理器具を用意しておきます。「ランニングセット」なら、シューズやウェアを。「YouTube

セット」で、見たい動画をお気に入りに登録してためておくのでもよいと思います。「お風呂セット」で、入浴剤やお風呂で音楽を聴ける準備をしておくのもよいですね。

あらかじめこうしたセットを用意しておき、ヒマな時間ができてつい世の中を悲しくつらいフィルターで見てしまいそうになったら、すかさずセットを取り出すのです。既に準備はできているので、「何をしよう……何も思い浮かばない……」と悩む必要もありません。孤独感に苛まれそうになったら、これをすると決まったことを実行するのみです。

セットはひとつだけでなくても、Aセット、Bセットというふうにメニューから選べるようにしておいてもいいかもしれません。

人間はそもそも、ひとりでいるときが一番ストレスがかからず、自由にふるまえるものです。ひとりの時間は日常のストレスや疲れから自分を癒やすために、誰にとっても必要なものです。その時間にさえ自分を苦しめてしまわないように、環境を整えておくのも、自分への癒しにつながりますよ。

SNSにふりまわされないで

生きづらさを抱えている人の中には、ＳＮＳにハマりすぎてしまう人もよく見かけます。中でも、ＳＮＳ上で毎日のように他人をしつこく誹謗中傷したり、やたらと議論をふっかけたりしている人は、全員が生きづらさを抱えているはずです。

生きづらさを抱えている人のほとんどは、自分の頭の中でイライラや言葉にできない負の感情がずっとグルグル飛び回っている状態です。そうした感情をうまく整理できないからこそ、一日の中でちょっとした隙を見つけてはＳＮＳを開き、他人にその感情をぶつけてストレス発散しようとしてしまうのです。

しかし、そういう行為をしたところで、今度はその投稿に対する反応が気になってしまい、ストレスはさらに膨らみ、執着心も増大し、負のスパイラルに入っていってしまうだけです。

インターネット上で誹謗中傷をする人というと、人生経験が足らない若者に多いような気もしますが、実は40代以上の人が圧倒的多数なのだそうです。つまり、長く生きてきた分だけ「こうあるべき」という固定概念が強くなってしまっていて、生きづらさの原因を生み出してしまっているわけです。それをSNS上で他人に押しつけているわけですが、実はそれは、自分に対する苛立ちの裏返しだったりもします。でも、心の奥にある感情を整理できていないので、そのことに気づけていないのです。

こうならないためにも、みなさんには、SNSにいろいろな感情を吐き出すよりも、自分自身と向き合う時間を大切にしていただきたいと思います。SNSに書いてしまえば、ACさんほど人からの反応がどうしても気になってしまうものです。本音を書いているつもりでも、人の目があるSNSの中で本当の自分をさらけ出せるという人はなかなかいないはずです。

SNSは楽しく使う分にはいいのですが、そうでない状態のときにはそっと閉じて、自分を癒やすためにできることを優先してあげてください。どうしても見たければ、一日何分までなど時間を決めて、のめり込みすぎないようにタイマーを鳴らして現実に戻れるようにするなど、工夫してみましょう。

自律神経を整える工夫をしよう

つい不安やイライラにとらわれてしまいがちなＡＣさんは、意識して自律神経の調子を整えることも非常に重要です。

僕たちの身体は、自律神経によって血圧や呼吸、消化、生殖、排泄などの働きをコントロールされています。そして、この自律神経が乱れることによって、不眠やめまい、腹痛といった症状や、不安やイライラといった心理的反応を引き起こします。逆に言えば、自律神経を整えておくことで、こうした不調のリスクに備えられるということです。

自律神経が乱れる要因のひとつには、脳の神経伝達物質であるセロトニンの不足が挙げられます。セロトニンは「幸せホルモン」とも呼ばれるホルモンです。

少し難しい話になりますが、ストレスに関するホルモンには、ノルアドレナリンとドーパミンというものがあります。ノルアドレナリンは、ストレスに対抗しようとするときに働くホルモンで、緊張や集中をもたらします。ドーパミンは快楽や喜びを感じるときに分泌されますが、これが過剰になると買い物依存やアルコール依存、ギャンブル依存などの依存症をもたらすことにもつながってしまいます。

いずれも私たちが生きるためには必要なホルモンですが、バランスがとれないと過剰に緊張状態になってしまったり、依存症になってしまったりするため、体内ではこれらをセロトニンというホルモンが調整してくれています。ノルアドレナリンやドーパミンが過剰に放出されないように、セロトニンがこれらの分泌を抑え、精神的な安定をもたらしてくれるのです。

また、セロトニンには、朝起きたときのすっきり感をもたらしたり、身体をシャキシャキ動かしたりするような働きもあります。

このセロトニンをじゅうぶんに分泌させるためには、しっかり朝の光を浴びることが重要と言われています。太陽の光を浴びることで、目の網膜が太陽光に反応し、脳内でのセロトニン分泌が活性化されるのです。

さらに、セロトニンの分泌量が増えると、夜にはメラトニンというホルモンの分泌量が増えることもわかっています。メラトニンは睡眠に関わるホルモンで、夜眠くなったり、質のよい睡眠をとったりすることにつながります。

ですから、日中はなるべく外に出て日の光を浴びるように心がけてみてください。ウォーキングやジョギングなど、リズムよく身体を動かすことも自律神経を整えることにつながりますので、朝の散歩もとてもよいでしょう。

他にも、夜の入浴時には38度などぬるめのお湯にしっかり浸かったり、起きている間に定期的に深呼吸をとりれたり、マッサージやストレッチをして血流をよくすることも、自律神経を整える効果があります。

逆に、夜眠るギリギリまでスマホを見ていたり、睡眠や食事の時間が不規則だったりすると、自律神経は乱れてしまいますので、注意が必要です。

ホルモンの話でいうともうひとつ、オキシトシンというホルモンも、僕たちの幸福感には大きな影響をもたらしています。

オキシトシンには、不安やイライラを和らげる働きがあります。自律神経には、交感神経と副交感神経の2つがあり、興奮したときや集中したとき、ストレスを感じているときには交感神経が優位になり、リラックスしているときには副交感神経が優位になります。オキシトシンが分泌されると、後者の副交感神経が優位に働くようになり、心身ともにリラックスした状態になるのです。

オキシトシンの分泌を促すには、皮膚からの刺激が重要であると言われています。マッサージをしてもらっているときや、誰かとハグをしているときに、分泌が活性化されるということがわかっているのです。直接肌が触れあうことが大きなポイントとなるわけですが、人と見つめ合ったり、家族団らんで食事をしたりするときにも、分泌が促されるとも言われています。

ですから、パートナーや家族が身近にいるならスキンシップを大切にしたり、マッサージなどのサービスを利用したりすることも、心を安定させるために意識してみるとよいと思います。

食事では鉄分や亜鉛を意識しよう

不安やイライラが気になる人は、栄養の面にも気をつけていくとよいでしょう。

こうした精神的な不調に関わる栄養素としては、鉄分や亜鉛が挙げられます。

鉄分は、先ほどお伝えしたドーパミンというホルモンをつくるのに必要な栄養素です。ドーパミンは快楽や意欲にかかわるホルモンですが、これが不足すると、慢性的な疲れや無気力、憂鬱感を引き起こすと言われています。ホルモンというのは、過剰になっても不足してもよくないのです。

ドーパミンは、お肉や魚、大豆などの食材に多く含まれるタンパク質を構成している、チロシンというアミノ酸によって生成されます。そして、このチロシンからドーパミンをつくるときや、脳が正常にドーパミンに反応するためには、鉄分が必要となります。

また、亜鉛は、グルタミン酸という成分が持つ働きを保つのを支える栄養素です。

グルタミン酸は神経を興奮させ、脳の動きを活性化させるのに必要な成分で、気分の浮き沈みに大きな影響をもたらします。うつ状態の人は、このグルタミン酸の働きのバランスを整えている亜鉛が不足していることや、亜鉛の摂取量が多かった人はうつの発症リスクが少なかったということを示した研究結果もあります。

生きづらさに苛まれている人は特に、これらの栄養素が不足しないように、日頃の食事に気をつけておくことをおすすめします。鉄分は小魚や貝類、レバーなどに多く含まれており、亜鉛は牡蠣やしじみ、海藻やナッツ、チーズなどに多く含まれています。

そればかり食べるのではなく、日々の食事の中で不足しないように意識して食品を選ぶようにして、バランスのよい食事をとるようにしていきましょう。もし食事でとるのが難しければ、サプリメントをとりいれるのもよいでしょう。

全部やるのではなく、今できそうなところからでいい

ここまで、生きづらさを手放すためにできるメソッドをいろいろとお伝えしてきました。

これらをすべてやろうと思うのは大変なので、まずは自分のインナーチャイルドと向き合うことからスタートして、あとはできそうなことを少しずつ試してみていただければと思います。

ＡＣさんにありがちなのは、「よし、やろう！」と思ってさまざまなタスクを自分に課して、それがカンペキにできないときに自己嫌悪に陥ってしまうということです。また、設定するタスクも、ついハードルを高くしてしまいがちです。たとえば、普段ほとんど運動をしていないのに、いきなり「毎日腹筋を１００回！」と設定してしまい、最初はやれていてもそれが続けられず、「やっぱり私はダメなんだ」と自分を否定的にとらえてしまうのです。

ですから、腹筋でたとえるなら、今までやってきていないのであれば、まずは5回の設定にして、それが3日続いたら自分をほめてあげるくらいがちょうどいいと考えてみてください。大きなことを達成しないといけないわけでなく、小さな成功体験から自分をほめてあげる、認めてあげることが大切なのです。目標よりも目的ですからね。

みなさんには、本章でお伝えしたいろいろなメソッドのうち、これならできそうというものをまずはひとつでもピックアップして、試してみていただければと思います。続けるのがストレスになりそうならやめればいいですし、気が向いたときにやると決めてもかまいません。慣れてきたら「これもやってみよう」と次のメソッドを取り入れてみるというように、負担にならないようにすることが重要です。

そうしてものの見方や日々の行動を変えていくことができると、世界はどんどんと変わって見えてくると思います。今まで否定してきた自分を、「こんな自分もかわいいかも」「案外、誰も気にしていないよね」と受け止められるようになり、世の中を見る周波数が、意識しなくても自然に「楽しさ」「喜び」にチューニングされていくはずです。

ぜひ、「やらなくてはならない」と言い聞かせるのではなく、自分を癒すために「やれるときにやってみよう」くらいの気持ちで、ワークシート⑤も活用しながら試してみてくださいね。

変わるとは自分を癒すこと

①生きづらさを手放すことで、自分の人生にどのような変化が起きると思いますか？

例：「他人の意見に振り回されず、自分の感情や意見を大切にすることで、人間関係がより健康的になる。」

②日常で感じるストレスを軽減するための簡単で実践的な方法を挙げてみましょう。

例：「ストレスを感じたときは深呼吸をして、その瞬間に集中することで心を落ち着かせる。」

③自分自身を癒すために実践したいことをリストアップしてみましょう。

例：「毎週、新しいカフェを訪れる。」

第4章

本当の自分に
気付くと
こんなに変わる！

今の生きづらい状況は手放したいし、その方法もあることはわかったけれど、手放した後のイメージができなくて恐い。自分を変えるのは大変そうで不安。そんな思いで一歩を踏み出せずにいる人も、多いかもしれません。

ここでは、ＡＣさん（アダルトチルドレンの状態を抱えている人々）がＡＣさんじゃなくなったときにどんな世界が広がっているのか、お伝えしていきたいと思います。変化した後の自分をよくイメージしてみてください。

無意識に不幸キャラを選択していませんか？

みなさんは、今の生きづらさを手放したいという思いで本書を手に取ってくださっていると思います。ただ、その反面、生きづらさがなくなったときに、どう生きていけばいいかイメージができず、不安に思っている人も多いのではないでしょうか。

第2章で、ＡＣさんの多くは被害者ポジションが心地よくなってしまっているという話をお伝えしました。

生きづらい状態から脱したいのに、たとえば誰かのカウンセリングを受けたとき、少し冷たい感じで、

「そういう考え方だから生きづらいんですよ。自分がそうしているんですよ」

などと図星を突かれると、「また責められた」とここでも被害者ポジションをとってしまったり、「やっぱり私が悪いんだ」と自虐モードに入ってしまったりして、結局なかなかアダルトチルドレンの状態から卒業できない人も多いのです。これも、相手に「あなたが悪いわけではないですよ」と言ってもらいたいからなのですが、その言葉を引き出して安心するだけでは、いつまで経っても同じことの繰り返しになります。

こうしたコミュニケーションを重ねてきてしまった人にとって、被害者の立場、不幸なキャラを手放すのは、とても勇気のいることだと思います。

ですが、本当に生きづらさを手放したいのであれば、そんな自分のあり方にも目を向けていく必要があるのです。何が原因で今の状態になっているのかを見つめ、今の

自分自身を認めながらも、アダルトチルドレンから脱却できればどんな生き方ができるのか、本章では少しイメージをしていきましょう。

被害者ポジションを手放すとどうなるの？

みなさんにはまず、「被害者ポジションのまま幸せになる」ことは不可能だと理解していただきたいと思います。

被害者というのは不幸なものですから、そのポジションを手放さなければ幸せになることはできないのは、わかりますよね。

でも、今までそうやって人から優しくしてもらったり、励ましてもらったりして生きてきたし、ハッピーオーラ全開になったら誰も気にしてくれなくなってしまうのでは……、なんて不安もあるでしょう。

では、今のままでいいのでしょうか？　よくないから、本書を読んでくださっているのですよね。

僕はまずみなさんに、「変わりたいけど変わりたくない」という今の気持ちを、そのまま受け入れていただきたいと思っています。生きづらさを手放すというのは、仕事でもプライベートでもキラキラ輝く理想の人になるという意味ではなく、ちょっとダメな自分を許せるようになるということなのです。

つい被害者ポジションをとってしまう、腹黒い自分。話を盛ってしまう見栄っ張りで承認欲求の高い自分。そんな自分も認められるようになることが、生きづらさを手放した状態です。

友達に、会社で上司に少し注意されたのを「理不尽に叱られた、私ばかりに冷たく当たってくる」と大げさに不幸話にして話してしまった後、一人になって、「また盛りすぎて、上司を悪者扱いしちゃった……」なんて後悔して、自己嫌悪するＡＣさんも多いと思います。でも、生きづらさを手放すと、そんな自分すらかわいくお茶目だなと思えるようになっていくのです。

変わるといっても、そう簡単に人はコミュニケーションの取り方をガラッと変えられるわけではありません。ちょっと嘘をついたり話を盛ったりするクセも、そんなにすぐにはやめられません。でも、生きづらさを手放した状態になれば、「またやってるよ（笑）」と軽くツッコミを入れるような気持ちで自分自身を見ることができるようになっていきます。自分を責めるのではなく、「みんなを笑わせたかったんだよね」「ちょっと注目されたかっただけだよね、かわいいヤツじゃん」と、自分を許せるようになるのです。

ＡＣさんが被害者ポジションで大げさに話してしまうのは、あらかじめこれ以上傷つくことを防ぐためです。被害者の自分に対して、これ以上誰も傷つけてこないように、防御反応として出てきてしまうのです。でもそんな自分自身を客観的にとらえて受け入れることができれば、「あんなに盛らなくても誰も私を責めたりはしなかったよね」と出来事を客観的に振り替えることもできるようになります。

そうすると自然に、「もう盛る必要はないか」と考えられるようになり、嘘つきグセ、見栄張りグセも次第に消えていくのです。
ちなみに、人は誰でも多かれ少なかれ、話を盛ったり小さな嘘をついたりして生きているものです。大切なのは、必要以上にそうしてしまい、自分自身を疲れさせたり、窮地に追い込んだり、人を傷つけたりしてしまわないことなのです。

心のフタを開けると、何が見えるのか

大なり小なり幼少期に形成された愛着障害は、社会人になっても、結婚をしても、慢性的な生きづらさとしてみなさんを縛ります。過去の記憶を引きずって、心にフタをしたまま生きているACさんは、そのフタを開けない限り生きづらさを手放すことはできません。

心のフタを開けるということは、これまで気づいていたのに気づこうとしなかったことや、本当に気づけてなかったことに対して、足を踏み入れることです。

その先には予想外の発見や、新たな自己理解が必ず待っています。しかし、フタを

開けることでまた傷ついてしまうのではないかと、不安になることもあります。

ですが、まずは心のフタを開け、傷ついている自分がそこにいることを認識するということが大切です。そうすることで、本当の望みや願い、感情がわかるようになっていきます。

そのフタを開けることを避けてきたとしても、「避けてきたんだ」という事実をまずは認めることが重要です。避けたいと思った感情も、自分の大切な一部なのです。その感情を認め、許してあげましょう。

フタを開ける勇気を持つためには、この自己受容がとても重要です。自己肯定感を上げるということではなく、「自己肯定できない自分がいても大丈夫」と、まずは自分を許して受け入れてあげてください。

勇気を出していったん心のフタを開けて中をのぞき込み、生きづらさの種になっている一番の原因を見つけることができれば、世界の見え方は大きく変わっていきます。「傷ついている自分がここにいたから、世界がこう見えていたんだ」と理解できれば、そうでない世界も見えるようになっていくからです。

傷ついた自分を通して見ていた世界だけでなく、見える世界がもっと広がれば、

「自分だけじゃなく、相手も実は苦しかったのかもしれない」

「思ったよりも、あの人は優しかったかもしれない」

「気にしていたのは自分だけだったのかも」

と、ひとつひとつの出来事をもう少しラクにとらえられるようになっていきます。

もちろん、僕もそうでしたが、壮絶な虐待を受けるなど、過酷な幼少期を送ってい
た人にとっては、その事実自体は軽くならないかもしれません。ですが、その中でも、
当時受けた傷にとらわれていた自分を客観的に見ることができるようになると、

「こんな体験をした自分だからこそ、できることがあるのかもしれない」

「他の人と違う子ども時代だったからこそ、人に伝えられることがあるかもしれない」

と、今の自分に自信を持てたり、肯定的にとらえることができるようになったりし
ていきます。


ＡＣさんの多くは、他人にどう見られるかを常に先回りして考えて行動してしまう

ため、自分が本当はどうしたいのか、あるいは他人が本当はどう考えているのかが見えなくなってしまいがちです。しかし、その背景を自分自身で整理することができれば、もう周りに合わせる必要はないことや、自分の人生を生きてもいいということがわかっていきます。

もしフタを閉ざしたままにして、生きづらさの原因を自分自身で見つけることができなければ、どこをどう癒やすべきか、ずっとわからないままです。そして、見えないところにいる傷ついた過去の自分が今の自分を常に支配し続け、年月が経つほどにその状況を変えづらくなっていってしまいます。

「もしも」の世界から抜け出すこと

僕たちはときに、「もしも」の世界に心を奪われます。

「もしも、あのときあの人がこうしていたら……」

「もしも、あの言葉を控えていたら……」

こうした過去に縛られていると、自分や他人を非難してしまったり、本来は必要のない怒りが湧いてきたりしてしまいます。

これが日常的なクセになると、どんどん自分を許すことができなくなってしまいます。ACさんの場合は、過去の傷つきから、心の中にずっと「もしもあのときこうじゃなかったら」という世界観をずっと持ち続けてしまっています。ですから、「もしも」の世界にすぐ潜り込んでしまいやすい傾向があるのです。

この「もしも」から逃れるには、なぜその出来事が起こったのか、その前から続いてきた原因や行動を知ろうとする姿勢が必要です。「なぜあの人はこうしたのか?」「なぜ自分はそう言ったのか?」と背景に目を向けて、そのときに選んだ「感情」を理解していくと、「まあ、必然的にそうなるよね。次からは気を付けよう」と「もしも」の世界にとらわれすぎずに物事を整理していくことができるようになっていきます。

本来、僕たちに「もしも」はありません。過去に戻ることはもうできないからです。

しかし、傷ついた過去にフタをして直視することを避け続けていると、「もしも」の世界は永遠に自分の心を占領し続けます。

ですから、まず今の自分を認めて許し、心のフタを開けることが大切なのです。心のフタを外して、傷ついた過去の事実を見つめ、「なぜそうなったのか」「そのときどう思ったのか?」「実際どうしてほしかったのか」を心で理解していき、当時の自分をまず許してあげること。これができれば、今の自分も許せるようになっていきます。そうすると、人生は一気に変わっていきます。

誰かの顔色を常にうかがって生きてきた中で、時には自分の気持ちに対して素直にふるまってみても大丈夫だとわかり、多少失敗をしても「これも自分だよね」と受け入れられるようになっていきます。

これは、「もしも」にとらわれず、今起こっている事実と感情を、自分の課題と相手の課題とに分けることができるようになるからです。課題の分離ができれば、自分の素直な気持ちにより目を向けることができるようになっていきます。

仕事においては、自分で何もかも抱え込むのではなく、他人に任せるという選択肢もあると思えるようになります。「助けてほしい」「手伝ってほしい」という感情を選んでもいいんだと認めることで、見えないプレッシャーからも解放されていきます。

恋愛においても、「人に愛されるためにふるまって応えてくれた人を好きになる」のではなく、自分から人を愛せるようになっていきます。

「もしも」の世界を抜け出し、起こった事実とその背景をしっかり受け止めて許し、その結果として、だからこそ常に今を大切に行動していくこと。これがACさんからの脱却につながっていきます。

自分への愛情タンクを満たす大切さとは？

有名なオーストリアの精神科医・心理学者、アルフレッド・アドラーは、人が幸せを感じる条件として「自己受容」「他者信頼」「他者貢献」の3つを挙げています。

「自己受容」はありのままの自分を許すこと、「他者信頼」は他人を自分の仲間として信じること、「他者貢献」は誰かの役に立っていることで自分の価値を実感することです。

ＡＣさんは、この３つの条件をなかなか満たせない状態にあります。

常に人の目が気になってありのままの自分としてふるまうことが難しく、他人を「自分を傷つける可能性のある存在」として恐れ、人の役に立ちたいと思いすぎて空回りしていきます。


この３つめの、「人の役に立ちたい、誰かに喜んでもらいたい」という感情は、誰でも持っているものです。しかしＡＣさんは誰かのために生きること「だけ」に一生懸命になってしまいがちで、それがゆえに「自己受容」や「他者信頼」を邪魔してしまっているという構図になりがちです。他者貢献感を得ることに集中しすぎて、自分自身や周りの大切な人を犠牲にしてしまうことが多くなる傾向があるのです。

ＡＣさんの場合、「他者貢献」に一生懸命になる背景には、「見捨てられたくない」という感情があることでしたよね。見捨てられないために懸命に相手に貢献して、自分が疲れていき、次第に相手に同じ量の見返りを求めるようになり、それが返ってこないと悲しみや怒りの感情が生まれてきます。結果、その相手が離れていってしまうわけです。

あるいは、一生懸命貢献した分、過剰な期待を持ってしまい、「こんなに頑張ったのに、これくらいなんだな……」と結果に幻滅することも多くなりがちです。自分ばかりがいつも貧乏くじを引いているような気分になり、被害者ポジションを強固なものにしていきます。

こうならないためには、幸せの3つの条件のうち、まずは「自己受容」をきちんとしていくことが大切です。何もしていないありのままの自分にも価値があるということを、受け入れることです。

仕事がうまくできない自分、ついサボってしまう自分、人から認められたいと思う自分、ちょっと嘘をついてしまう自分、腹黒いところのある自分も、すべて許して「これが今の自分」と受け入れることができると、自分への愛情タンクが満たされていきます。この愛情タンクとは、車を走らせるガソリン、エネルギーのようなものです。

自分への愛情タンクがほとんど空の状態で他人のために行動し続けてしまうと、エネルギーはすぐに尽きてしまい、「見返り」として他人に愛情タンクを満たすように求めるようになってしまいます。しかし、それでは愛情タンクは埋まっていきません。埋まらないため、次から次へと「誰かに満たしてほしい」と行動を続けていってしまい、疲れてしまうのです。

ところが、自分への愛情タンクを自分自身を癒やしながら満タンにすることができれば、幸せを感じる心が育っていき、自然に他人の幸せを願うことができるようになっていきます。誰かのために行動するにも、心に余裕が持てるため、見返りを求めることがなくなります。ほめられなくても、ありがとうと言われなくても、役に立てたことだけで満たされるようになるのです。

まずは自己受容からスタートし、自分への愛情タンクを満たしてあげることで、幸せの条件が整えられていくのです。

許すことが自分に与える影響

自分自身を許すことができないと、人は怒りや悲しみ、憎しみ、恨みといった感情が出やすくなります。これは心や体にかなりのダメージを与えてしまいます。

怒りが身を滅ぼすというのは本当で、医学的にも、怒りの感情によって血管が収縮して血圧が上がりやすくなるということがわかっています。また、ストレスホルモンと言われるコルチゾールが過剰に分泌されることで、免疫力が下がってしまったり、体重が増えやすくなったり、血糖値や血圧が上昇しやすくなったりします。

まずは体を守るためにも、自分自身や他人への怒り、悲しみ、恨みという感情を手放すことは、とても重要です。

仏教の世界でも、ブッダの言葉として、

「怒りを抱くことは、焼けた炭を素手でつかんで誰かに投げつけようとするようなも

の。やけどをするのは自分自身だ」

という話が伝わっています。怒りという感情は、自分自身を苦しめる感情に他ならないのです。

感情というのは、自分自身で選ぶことができるものです。ある出来事に対して、怒るかどうかを選ぶのは、自分自身です。でも、瞬間的に怒りの感情に支配されてしまう人もいますよね。

実際、いつも「なぜ自分だけうまくいかないんだろう」と考えてしまうACさんは、この怒りの感情を抱きがちです。過去のつらい経験から、親など身近な人をずっと許せず、小さなことでも怒りの感情を生じさせてしまう人も多くいます。人に尽くしたのに報われず、怒りの感情を示すことで見返りを求める人もいます。

ACさんの怒りの奥には、悲しみが隠れていることがほとんどです。たとえば、ACさんは待ち合わせで相手が遅れてきたことに対して、必要以上にイライラして怒ってしまうケースが多いのです。これは、遅刻した事実に対して怒っているのではなく、自分が大切にされていないという悲しみから起こっているのです。

しかし、先ほどのアドラーの「自己受容」ができるようになり、「許していない自分」に気付いて受け入れていくことができると、怒りのレベルをコントロールできるようになっていきます。

自分自身をよく観察して、「こういうときに怒りやすいな」とパターンを見つけ、「どうしてそうなるんだろう」と客観的に考えて理解できていくと、同じような場面になったときに、

「この怒りは、勝手な思い込みから来ているのかも」

と思えるようになっていくのです。もちろん、怒ってしかるべき場面もあるでしょうが、今そこまで怒ることなのか、怒っても自分が損しないのか、見極められるようになっていくのです。

また、**自分を癒せば怒りのレベルを下げられる**ということも、忘れないでくださいね。

怒りの感情を手放すことができていくと、快眠できるようになったり、太りにくくなったり、体にもいいことがたくさん出てきます。

自己受容によって自己否定や自己嫌悪を防ぐ

自己受容の重要性について、ここでまた別の角度からお伝えしておきます。

みなさんは、「自分を好きになれない」「自分が好きになれない」という言葉をよく聞いたり、口にしたりすると思います。似たフレーズですが、両者には違いがあります。多くの人は、前者の「自分を好きになれない」のほうを使うかと思います。

「自分を好きになれない」というとき、人は自分自身のある一部を切り取って話していることが多いと思います。少し自己否定が強くなっている状態ですね。

一方、「自分が好きになれない」というときは、自分の存在自体に価値を感じておらず、自分を恨めしく感じている、自己嫌悪の状態です。後者のほうが、生きづらさは大きなものになっていると思います。

今挙げた「自己否定」「自己嫌悪」の前には、「自己批判」があります。言葉を一概に定義はできませんが、僕の中では次のように整理されています。

自己批判は、自分の行動や考えに対して、批判的な見方をすること。一度の失敗やミスに対して「もっとうまくやれるはずだった」という場面で使われる言葉です。もともと向上心が強い方は、自分のことが嫌いなわけではなく、自分を高めるために自己批判をすることはよくあります。

ですが、先ほどからお伝えしている「自己受容」ができずに自己批判を続けてしまうと、「私は何をやってもダメなんだ」と、何事においても自分を低く見る傾向が強くなります。これが、自己否定です。

自己否定が繰り返されると、自分の存在そのものに対して、嫌悪感を持つようになります。自己否定の段階における「私はダメだ」という感情がもっと進行して、結果的に「私は存在しないほうがよい」といつも考えるようになってしまうのです。

自己批判、自己否定、自己嫌悪は、このように順を追って進行していくものです。

だからこそ、自己受容ができるようになることがとても重要なのです。自己批判は自分の成長のために必要なことも多々あります。そこで自己受容ができていなければ、自己批判を出発点として生きづらさはどんどん増していってしまいます。

しかし自己受容ができていれば、自己否定、自己嫌悪にまで進むことはなくなります。自己批判を成長につなげていくことが可能になるのです。

新しい出会いが広がっていく

生きづらさを手放した元ACさんからよく聞くのが、

「新しい出会いが増えました」

という話です。たとえば恋愛においても、

「今まではどこか闇があるような刺激的な人にひかれて、結果つらい目に遭うことが多かったのですが、一緒にいて安心できる人と出会えるようになりました」

と、対人関係が大きく変わったという話をよく聞くのです。

最近では、ホストクラブにはまってしまう女性が増えていると言います。僕は、ホストクラブにどんどんお金をつぎ込んで生活や精神が追い込まれてしまう人の多くは、ＡＣさんだと思っています。

自分で自分を愛せず、誰かから常に認められたいと思ってしまうＡＣさんは、恋愛において「君がいないとダメだ」といった言葉に本当に弱いのです。その言葉にすがって、相手に精一杯尽くしてしまい、その結果人生を振り回されてしまう。この状況はよくないと思っていても、自分を認めてくれる人はこの人しかいないと思い込み、それが「私が支えなくちゃ」にすり替わり、抜け出せなくなってしまうのです。

それが行きすぎると、「自分だけを見てほしい」「他の誰よりも、私が愛されていたい」という思いにとらわれ、無理にお金をつぎ込むようになってしまいます。

これは過度な例ではありますが、会社で「君にしかできないから」と仕事を無茶ぶりされたり、人が嫌がる仕事を押しつけられ続けてしまったりする人もいます。

ですが、**生きづらさを手放して自己受容ができるようになると、こうした他人の言葉にすがる必要はなくなります。**自分で自分を認めてあげることができれば、相手の言葉にこだわらずに客観的に本音を見ることができるようになり、振り回される関係性には陥らなくなるのです。

それによって、出会う人たちもガラッと変わっていきます。本当に自分のことを思ってくれる人はどういう人なのか理解できるようになり、さみしさや不安を埋めるためだけの人間関係ではなく、お互いに思いやれる関係性を築くことができるようになっていくのです。

それによって、

「好きになる人のタイプが、前とはガラッと変わってきました」

「今までとは全然違うタイプの人からモテるようになりました」

という変化を話してくれる人もいます。

自分を見直すことで、今まで惹かれていたような人にはまったく興味がなくなり、まったく違う世界の人たちと出会うことができるようになっていくのです。

素直に喜んだり、感謝できるようになる

みなさんの周りにいる、おおらかで幸せオーラをまとっている人や、ポジティブで周りを明るくしてくれる人は、誰かに何かをしてもらったときや、ほめられたときに、素直に喜びを表していませんか？

一方、ＡＣさんは、プレゼントをもらったときに「わぁ！　うれしい！」など自然に声を上げるのが苦手だったり、ほめられたときに素直に「ありがとう」と言えなかったりすることが多いのではないでしょうか。

自分自身を許して認めることができるようになると、この苦手感も、だんだんなくなっていきます。

それは、他人からの見え方や評価を気にするあまり、「何かしてもらったら喜ばなければならない」

「ほめられたのはお世辞かもしれないから、謙遜すべきかもしれない」
などと、「べき論」で感情表現を選んでいくことがなくなっていくからです。喜ぶ前から「喜ばなければならない」とルールをつくってふるまおうとすれば、それは演技っぽくなってしまうのも当然です。

さらには「うまく喜べたかな」といつも心配になって、「喜ぶのが苦手」につながっていってしまいます。

でも、自分自身を認めることができてくると、自分も他人から見て「喜ばせたい」と思える存在であり、他人からほめられることだってあると気付くことができるようになります。

そうすると、素直に喜ぶことや、「ありがとう」「うれしい」を自然に口にすることができるようになっていくのです。

こうなると、みなさんも、他人からは「幸せオーラをまとっている人」に見えるようになり、生きづらさもいつの間にかなくなっていくはずです。

不幸キャラ、被害者ポジションに安心できる居場所を求め続けるのではなく、生きづらさを手放して、自分も周りの人も自然に幸せにできる、そんなふうに変わってみたいと思いませんか？

第5章

今すぐ変わらなくても大丈夫

アダルトチルドレンの生きづらさをどう手放していくか、さまざまなメソッドを学んだみなさんは今、自分を変えるスタート地点に立っています。

ですが、ここから先は決して慌てないでください。人はすぐには変われない生き物です。変われないことに焦ってしまえば、いつまでも生きづらさは手放すことができません。

では、どのような心構えでこれから前に進んでいくべきか？　最終章では、これから変わっていくみなさんに注意しておいてほしいことをお伝えしておきます。

すぐには変われないことを覚悟する

第3章では、生きづらさを手放すためにできることをさまざまお伝えしてきました。また第4章を読んで、「自分も変わってみたい」という思いを強くされた方もいるかと思います。

ですが、みなさんに覚えておいてほしいのは、「さあ変わるぞ！」と思ったからといって、人はすぐに明日や来週、来月に変われるわけではないということです。苦しさがすぐには晴れず、焦ってさらに苦しくなってしまうことのないように、まずは「ゆっくりでも前進していけばいい」ということを知っておいていただければと思います。

新しい自分になりたい、今の状況を変えたいと思うのは、成長のひとつであり、人間として当然の感情です。しかし、特に心の変化や生き方の変革は、一朝一夕に訪れるものではありません。

僕たちの人生は、自分の期待とは裏腹に、途中で躓いたり、思うような結果が得られなかったりすることの連続です。このようなとき、多くの人は落胆して、変わることの難しさを痛感します。これは、ＡＣさん（アダルトチルドレンの状態を抱えている人々）に限らず、誰でも同じです。

しかし、ここで大切なのは**「人はすぐには変われない」という事実を受け入れること**です。これが、真の変化への第一歩になるのです。

僕たちは、過去の経験や環境、育った背景など、数え切れない要因によって今の自分を形成しています。そういった積み重ねの上でつくられた自分を変えていくことは、容易なことではありません。自分を認めるということだけでも、時間がかかるものです。

この、「すぐには変われない」という事実を覚悟すること自体が、ACさんにとって焦りから苛立つ自分を解放し、今の自分を受け入れることにつながっていきます。この受け入れができた人から、少しずつ、しかし確実に前に進めるようになっていくのです。

変わっていく過程では、価値観の変革が起こるわけですから、必然的に出会う人も変わっていきます。今まで出会ったことのないような考え方、価値観の人とのコミュニケーションにはじめはなかなか慣れず、孤独を感じることもあるかもしれません。ですが、そこで覚悟がブレないためにも、「すぐには変われない」ということは、自分の中で認めておくとよいでしょう。そして、変わっていく過程で不安に感じることがあっても、**「これは自分の心のステージが上がり始めている証拠なんだ」**と受け取ってあげてください。

みなさんが普段目にする花も、小さな種から始まり、土の中で静かに芽を出し、初めての葉っぱをつけるというように、成長してやっと花になりますよね。芽が出た後も、雨が降らない日が続いたり、強風に吹かれたりと、試練は続きますが、花は花になることを諦めずに成長を続けます。なぜなら、花は「すぐには変われない」ことを理解しているからです。

ひとつひとつの困難を乗り越えるために、花はその場所にしっかり根を張っています。僕たちもこれと同じです。すぐに変わろうとするのではなく、毎日毎日を丁寧に生き、土台をしっかりつくりながら、芽を出し、茎を伸ばし、葉を増やし、花を咲かせていくのです。

「すぐには変われない」覚悟を持つところから、みなさんの成長は始まっていきます。

愚痴はこぼしてもいいんだよ

アダルトチルドレンから解放されようとイメージすると、その後の自分はまるでどんなストレスからも解放されるかのように感じる方もいるかもしれません。小さなことで悩まなくなったり、周囲からの目線や小さな言葉を気にしなくなったりして、自由に振る舞える自分になれるのでは、と期待している人もいるのではないでしょうか。

そして、そんな理想の生まれ変わった自分になるために、ストレスなど感じていないフリをしてしまう人も、いるかもしれません。愚痴を言いたくなっても、「生まれ変わるのだから、愚痴なんて言ってはいけない」と自分を押さえつけて、むりやりストレスから目を背けてしまう……。これでは、本末転倒です。

ＡＣさんの生きづらさは、「こうあらねばならない」「こうするべき」「きっとこうなるに違いない」といった強制的なマイルールに縛られて自分が本来どうしたいのかを見失ってしまうところにもあります。ですから、「愚痴を言ってはいけない」というのも、幼少期からの縛りと同じように心に負担を強いてしまい、また同じことの繰り返しになってしまいかねません。

たしかに、普段からずっと愚痴をこぼすのがクセになっている人は、仕事でもプライベートでも、対人関係に影響が出てきてしまいがちです。それは、愚痴を聞いているほうが嫌な気持ちになるからです。愚痴ばかりこぼしていたら、人は離れていってしまうものです。

だからこそ、愚痴をこぼすのはよくないことだと多くの人が思っているわけですが、「愚痴でもこぼさなきゃ、やってられない！」と思う日だって誰にでもあります。

そういうときに、家族や親友、恋人など、身近にいる心から信頼できる人にだけ、愚痴をこぼすのは悪いことでしょうか？

もちろん、誰彼かまわず愚痴をこぼすのはよい結果にはならないでしょうが、心許せる人がいるのであれば、その人に聞いてもらうことはまったく問題ないと僕は思います。聞いてもらったことでストレスが軽くなり、最後に立ち直ることができれば、いいのです。

人間のレジリエンス力（立ち直り力）は、自分がこぼした愚痴から生まれることも多々あります。話を聞いてもらって、その後に励ましてもらったり、今まで自分では気づけなかった新しい考え方を教えてもらったりして、次に進める。みなさんにもきっと、そんな経験があったはずです。

ですから、信頼できる人に愚痴をこぼし、それによって自分を奮い立たせ、立ち直り、そのきっかけをくれた相手に感謝ができればいいのです。

ただ、この話をすると、

「私にはそんな相手がいないから……」

と言う人もいます。その気持ちもよくわかるのですが、実は、そんな人にも話せる相手はちゃんといるのです。

第3章を思い出してください。**自分にとって一番の話し相手は誰でしょうか。そう、自分の内側にいる、自分です。**

愚痴をこぼす相手もいない、と落ち込みそうになったときには、外で頑張って来た分、家の中で思う存分、自分を相手に愚痴をこぼしてしまいましょう。

これにはエンプティチェアの手法を使ってもいいですし、ノートに書きまくるのでもOKです。愚痴を吐き出したら、その言葉を自分で受け止めて、客観的に言葉をかけていきましょう。

「今、改めて考えてみるとどう？」
「もしかしたら、そのとき相手にはこんな事情があったのかもね」
「改めて考えると、受け流せた部分はなかった？」

こんなふうに愚痴をこぼした出来事を振り返って自分と対話をしていくと、苛立ちや怒りといった感情は少しずつ軽くなっていくはずです。ノートに書くのであれば、軽くなった時点でそれを破ってくしゃくしゃにして捨ててしまいましょう。

こんなふうに、新しい視点や考えは、自分の内側からも生み出すことが可能です。自分自身で愚痴を受け止め、新たな視点や考え方を得て成長し、自分を奮い立たせてみてください。

欠点は「欠かせない点」

僕たち人間は誰でもずっと迷う生き物であるのと同じように、僕たちには誰にでも欠点があります。欠点のない人間など、どこにもいないはずです。

ですから、「細かいなぁ」「そんなことで悩まなくても」と言われたところで、自己評価を下げてしまう必要はありません。先ほども述べたように、ネガティブな面は裏を返せば必ずポジティブな面として役立てることができるものです。欠点とは、「欠かせない点」でもあるのです。

その「欠かせない点」は、ある人から見たら欠点かもしれませんが、他の人にも同じように欠点として見えているとは限りません。「細かい」とある人には思われる部分が、「慎重でいいね」「気遣いができて素敵だね」と思われることもあるのです。そんな一面を個性として受け止め、みなさんを心から愛してくれる人だっています。

しかし、「欠かせない点」は、自分自身で欠点だと決めつけて抱え込んでしまうと、コンプレックスとなって自分の可能性を狭めることにつながってしまいます。自分を受け止めるという作業の中では、欠点も自分にとっては「欠かせない点」として受け止める必要があります。

自分の中で「欠かせない点」を認められるようになると、次はそれをオープンにする機会も増えてきます。コンプレックスとして受け止めている限りは、どうしても隠そうとしてしまいますが、認めてしまえさえすれば隠す必要はありません。そしてそれが、みなさんの魅力として他人に受け止められることも増えてくるのです。

あるいは欠点だとして受け止める人がいたとしても、それはみなさんの一部として、「こんないいところもあれば、こんな欠点もある」と、理解を深めてくれる要素にもなり得ます。人は欠点ですべてが決められるものではないからです。欠点も含めて理解をしてもらえれば、仕事でも「この人にはこの仕事よりこっちが向いている」とより適した判断をしてもらえることは多いですし、人間関係でも「この人にはこういう言い方をしたほうがいい」などコミュニケーションがより円滑になっていくはずです。

もちろん、相手にその欠点をどうしても受け入れてもらえないこともあります。でも、それはご縁がなかった人というだけの話です。そういう人と同じくらい、欠点を「欠かせない点」として受け止めてくれる人もいることを忘れないでください。

僕たちは、カンペキであることを装う必要はまったくなく、ありのままの自分を見せられるほうが、他者との理解が深まり、人間関係もよくなっていきます。欠点の中にも愛おしさや温かさ、人間らしさがあり、それが人を引き寄せる力となっていくのです。

日本人の大半は、実は繊細さん

本書の「はじめに」でも書きましたが、僕たちの中には、生まれつき光や音などさまざまな刺激に敏感なＨＳＰ（高感受性者）の気質を持っている方もいます。しかし、「自分はＨＳＰかも」と思っている人の多くは、実は幼少期の愛着障害から来る後天的なアダルトチルドレンの方が多いと僕は思っています。

また、これらに該当しなくても、日本人は基本的に繊細な人が多いのです。

僕たち日本人は、周囲の環境や人々の気持ちに敏感に反応し、他人の気持ちを深く感じ取る優しさを持っています。その場の雰囲気や暗黙の了解といったものを大切にする民族です。

しかし、同時にこれが心の負担となり、自分を追い詰める要因になってしまうこともあります。相手の表情や態度から感じ取った痛みやストレスで、自分自身の心まで重くなり、その痛みに相手以上に呑まれてしまうこともあります。

ですが、日本人の大半がそうした性質を持っているのだと理解し、丁寧に受け入れることができれば、その負担も軽くなるはずです。相手の痛みを感じ取りすぎてしまうからこそ、自分の心を最優先に大切にすること。それはワガママや自己中心的な考えではなく、同じく繊細な相手のためにもなると考えてみてください。

あるいは、相手がいかに強く図太く見えていても、相手も同じように繊細にこちらの思いをくみ取ろうとしていたり、場の雰囲気をよくしようとしたりといった理由で、そうしているのかもしれない。そんなふうに思えれば、他者に対して今まで以上に深い共感を生み出すことができていくのではないでしょうか。

僕たちの繊細さは、時に、

「細かすぎ！　気にしすぎ！」

「いちいちそんなに深く考えなくてもいいじゃん」

と言われることもあります。せっかくアダルトチルドレンから卒業しようと思っても、こうしたひと言で「やっぱり自分はだめなのかな」「そうは言っても、気になっちゃうし……」と、自分自身をマイナスにとらえてしまう人もいるかもしれません。

でもその繊細さは、ビジネスにおいては、営業や接客のスキルとして活かせる能力にもなります。ネガティブな面とポジティブな面は、常に表裏一体なのだと考えておいてほしいのです。

繊細な心とは、周囲との調和を生む素晴らしい気質です。自分を責める必要はありません。それだけ優しい人、気遣いのできる人なのです。

メンタルは、常に揺れ動くもの

僕のカウンセリングには、
「メンタルを変えたいと思っていろいろな本を読んで参考にしてきたけれど、人生がよくなっている感じがしない」
という方が多くいらっしゃるのですが、これに対する回答はとてもシンプルなものです。

メンタルというものは、ひとつひとつの出来事に対して常に揺れ動くものなので、これを「変える」ことはできません。

メンタル関係の本では、常に感謝する精神を持とうとか、自分が発する言葉を変えていこうといったノウハウがいろいろと書かれています。本書の第4章でも、そうしたメソッドをいくつかご紹介しました。しかし、それをやる前に大切なのが、自己受容をするということです。本書でも、そこを飛ばして、「いいことノート」をつけたり「自分で選ぶ」練習をしてみたりしても、みなさんに大きな変化をもたらすことはできないと思います。

メンタル関係の本を読んで、感謝が大事とか小さなことにこだわらないようにといった教えを頭にたたき込んで実践しようとすると、自分のメンタルに揺れを感じたときに、「ここで怒るのはダメなんじゃないか」「こんなことでイライラしてはいけない」と、自分の素直な感情を否定してしまい、さらに「自分はダメなんだ……」と落ち込むことになってしまいます。

ですが、メンタルとは揺れ動くもので、人は誰でも、常に物事をポジティブにとらえられるわけではなく、目の前の出来事に応じてイライラするときもあれば、落ち込むときもあります。ですから、常に揺れ動くメンタルに右往左往して、ポジティブに受け取れなかった自分はダメだと自己否定をする必要はまったくないのです。

大切なのは、もともと揺れ動くはずのメンタルをポジティブな状態に保とうとすることではなく、常に自己受容をするということです。そのときそのときの自分のメンタルに対して、「それが自分らしい感情だ」と整理をつけられるかどうかが大切なのです。

「自分はこういうことは嬉しいけれど、こういうことは苦手なんだ、イヤなんだ」と自分を理解して受け入れ、すべての出来事に対してポジティブな感情を持たなくてもいいと今の自分を許すこと、これが重要なのです。

自己受容から生まれる忍耐

① 自分に与えてるプレッシャーを減らすためにどんな行動が役立つか考えてみましょう

例：「毎日の目標を低くし、一つのことに集中する。これにより、すぐに結果を出そうとする圧が和らぐ。」

② 小さくてもよいので、これまでの成果や前進したことを思い出し、どのように自分を認めてほめてあげられるか考えてみましょう。

例：「自分が新しいスキルを学び始めたことを認め、その一歩を踏み出したことを祝して、好きなデザートを買って楽しむ。」

③ 成長するまでの過程を受け入れるために、どんな捉え方が必要になるかを考えてみましょう。

例：「小さな成功も大きな成果も等しく価値があると認識する。結果の前に日頃の過程を大切にすることで焦りを感じることが少なくなる。」

メンタルではなく、マインドを重要視しよう

世の中には、「メンタルケア」「メンタルトレーニング」など、メンタルという言葉が溢れています。自己啓発本を読めば、メンタルを鍛えようという話が出てきますし、スポーツでもメンタルトレーニングが重要だと言われます。

メンタルを鍛えれば、多少のことではイライラしたり緊張したり傷ついたりしなくて済むのでは？　と思う人もいるでしょうが、たとえそうであっても、「メンタルが弱いことはダメなこと」「ネガティブなメンタル状態はダメ」と決めつけて、**無理にポジティブに持っていくのは、自分自身を傷つけるのと同じことです。**ＡＣさんの多くは、これを繰り返して、ストレスをどんどん溜めていってしまっているのです。

先ほど、メンタルをどうこうしようとするよりも、まず自己受容をすることが大切だとお伝えしました。それができたら、次にやることは、メンタルを鍛えようとする

ことではなく、マインドセットを調整することです。

マインドセットという言葉を聞いたことがある人は多いと思います。メンタル（mental）とマインド（mind）はどちらも「心」や「精神」と訳せますが、少しニュアンスが異なります。メンタルは精神の状態や心の調子など、そのときそのときの状況を指しますが、マインドには信念や考え方、価値観など、人が根本的に持っているものという意味合いがあります。マインドセット（mindset）とは心理学用語で、考え方やものの見方（mind）の状態（set）といった意味を持つ名詞です。

人は過去の経験や育ってきた社会や環境、出会った人など、さまざまな要素によって無意識の思考パターンや価値観を形成していきますが、これがマインドセットです。そして、マインドセットは後天的に変化させてくことができます。

メンタルはそのときどきで自然に揺れ動くものであるのに対して、マインドセットは自分で決めて変えていくことができるものです。まずは自分を見つめてこれまでのマインドセット、つまりどのような思考パターンや価値観で物事を受け止めていたかを理解し、次に自分の信念、どんな人間になりたいのか、どんなふうに物事を受け止めたいのかを決めればいいのです。

本書をここまで読み進めてくださったみなさんは、今までの自分のマインドセットがどのようなものだったか、ある程度振り返ることができたのではないでしょうか。

次は、新しいマインドセットをしっかり決めて、メンタルとは別に持っておくことができれば、メンタルが多少揺れても泥沼にはまっていくことはなくなります。

これからは、イライラする出来事やつらい出来事があっても、それによって揺れ動いたメンタルはいったん受け止めたうえで、「どういう自分になりたいんだっけ」「この後、どう行動できるようになりたいんだっけ」とマインドセットを確かめて行動につなげていけばいいのです。そうすれば、常に揺れ動くメンタルに振り回されて行動してしまい、状況を悪化させるようなことにはなりません。

もう一度言います。メンタルをいくら鍛えても、人の精神状態はいいときもあれば悪いときもあるものです。ですが、メンタルの状態が悪いときでも、自分がどうなりたいか、どういう人でありたいかというマインドセットをしっかり持っていれば、それがみなさんの支えになっていきます。ぜひ、新しいマインドセットを自分で作ってみてください。

悩みという薪を、丁寧な情熱でじっくり燃やしていこう

みなさんは、自分に対してさまざまな悩みを抱えているからこそ、本書を手に取ってくださったのではないかと思います。この悩みさえ消えたら……と思う場面を、今までたくさん経験されてきたのではないでしょうか。

「悩む」という行動は、心をネガティブな感情で支配してしまいがちです。でも、第第3章では、生きづらさを手放すために、自分を傷つけた相手を許さないままでも、ネガティブなままでも、その自分をまず受け止めて、それでもいいんだと認めてあげることが大切だとお伝えしてきました。ですから、悩むということも、まずはそのまま受け止めてあげましょう。

そもそも、みなさんがACさんであるがゆえの悩みからは解放されたとしても、人

生の中ではその後も悩む場面は尽きません。朝ご飯に何を食べよう、何を着て会社に行こうといった小さな悩みから、どうしても合わない上司がいる、転職したいけれどどうしたらいいだろうといった大きめの悩みまで、人は常に悩みを抱えて生きているものです。そんな悩みから、ネガティブな感情になることもあるでしょう。

そんなときは、小さな悩みがたくさんあったとしても、まず一番大きな悩みだけに焦点を当ててみてください。そして、その大きな悩みを「薪」だとイメージしてみてください。この薪を燃やすために必要なのは、**僕たちの心の中にある「情熱」です。**

といっても、「ガンガン戦ってやる！」「ポジティブに乗り越えてやる！」といったテンションの高い情熱でなくてもかまいません。これらも情熱のひとつではありますが、しっかり丁寧に生きるということも、情熱です。

悩みを解決するために、今日は何ができるか？　今日できるベストなことは何だろう？　乗り越えるために、今できるひとつひとつのことを積み重ねていこう。そうした日々の丁寧な情熱が、薪に火を付け、ゆっくりと燃やしていってくれます。一発で爆発的に薪を吹っ飛ばすのではなく、じわじわと情熱で燃やし尽くすやり方でもいいのです。

むしろ、一発で悩みを燃やし尽くしてしまおうとすると、その反動で自分に飛び火したり、うまくいかずに周りに火の粉をまき散らしたりしてしまう危険性もあります。丁寧に薪を燃やしていったほうが、より安全かつ効率的に燃やしきる糸口が次第に見つかっていくはずです。


こうして大きな悩みをじっくり解決することに集中していると、同時に小さな悩みはいつの間にか解決されていることがほとんどです。毎日少しずつ薪を燃やしていくように日々を丁寧に、ベストを尽くして過ごしていくことで、小さな悩みもついでに燃えてしまっているはずです。

ひとつひとつ、今できることを積み上げていくこと。今、まだ、過去の傷つきから大きな悩みを抱えているみなさんは、薪を一気に燃やそうとするのではなく、丁寧に燃やしていくことに集中してみましょう。

「なりたい自分」と「あるべき自分」の違い

ＡＣさんにとって「変わる」ということは、自分を認めて癒やすことから始まっていきます。

これができていくと、僕たちは次第に、今まで思い込んできた「こうなりたい自分」と、本来の「あるべき自分」のすりあわせができるようになっていきます。

僕の場合、自分と向き合いながら文章を書いていくことで、自分自身の魂が求めていた「あるべき自分」を見つけてきたように感じます。「あるべき自分」とは、自分自身が本当に求めていた自分、一番自分らしくいられる自分です。

ＡＣさんの場合は、親や周りの大人から「あなたは○○になりなさい」「あなたは○○になったほうがいいよ」と言われたところからスタートして、それがいつしか「なりたい自分」となり、「あるべき自分」であるように感じられていきます。たとえば「医者になりなさい」と言われて育ったことで、当然のように懸命に医者を目指すのも、その一例です。

でも、実際にその「なりたい自分」に近づいてみたら、実は周りに流されていただけで、「あるべき自分」には気付こうとしていなかっただけ、というケースが多く、ゆえに苦しさを抱えてしまうのです。

ところが、自分自身としっかり向き合い、苦しさに目を向け、癒やしていくことができると、「なりたい自分」の後ろに隠れていた、「あるべき自分」が姿を現してきます。そうすると、「なりたい自分」はカンペキに実践されなくても、「あるべき自分」に近づいていけばいいと思えるようになっていきます。こうして両者のすり合わせをしていくことで、新しい自分にどんどん変わっていくことができるのです。

自分の魂が求めているものには、人はなかなか気づくことができません。でも、自分自身に徹底的にベクトルを向け、対話を続けていけば、いつかそれは姿を現すものです。そこから目を背けていたら、周囲や社会に流されて作り上げられた「なりたい自分」にいつまでもとらわれて、魂が望む自分の姿に近づくことはできません。

「今我慢して、つらい仕事に耐えたら、きっとこの先にいいことが待っているはず」

「ダイエットを頑張ってオシャレに気を遣えば、いつか理想の人に出会えるはず」

「頑張って高い偏差値の学校に入って大企業に入れば、幸せな人生が待っているはず」

このように考える方が世の中にはごまんといますが、その「いいこと」とは何でしょう。「理想の人」とはどんな人でしょう。「幸せな人生」とは？

こうした言葉は、実態のよくわからない未来の「なりたい自分」になるために、今の自分を犠牲にするものに過ぎません。

今、自分が求めていることを無視して、自分で具体的にイメージもできない漠然とした未来のためにつらいことに耐え続けていると、世の中を見る自分の周波数は、どんどん「悲しい」「つらい」というチャンネルに合ってしまい、生きづらさの渦に飲み込まれていってしまいます。

そうではなく、今の自分の望みにしっかり目を向け、「あるべき自分」を目指して幸せになり、周波数を「うれしい」「楽しい」に近づけてあげること。

これが、「幸せへと変わる」歩みになっていきます。

自分の内面が変われば周りの環境も変わる

最後に、アダルトチルドレンの生きづらさを手放した人が、僕から見てどのように変わったか、お伝えしておきましょう。

圧倒的に大きいのは、対人関係の変化です。

ダメンズを引き当てなくなった。モテるようになった。上司や部下とのコミュニケーションがスムーズになった。家の中で家族に当たることがなくなった。新しい出会いが増えた。こうした人がとても多いのです。

自分の内側が変わったことで、互いに惹きつけられる相手のタイプが変わったり、相手と互いに優しさを持って接することができるようになったり、対人関係ではかなり大きな変化が現れます。

周りの期待に応えながら生きなければ、本来の自分ではないと思い込んでいたことに気づけたことによって、「そうではない世界」を体験することができ、「なんだ、これでも大丈夫なんだ」

とみるみる不安が軽くなっていったと話す人もいます。自分を徹底的に見つめる作業に集中することで、他人の目線への関心も薄れていくんですね。

以前出会ったあるご家庭には、親の言いなりになって就職をした男性がいました。いつも自分の目の前には親という大きなフィルターがあり、それを外すことができなかったのです。自分の本音を押さえつけて新社会人になったものの、彼はすぐにやめてしまい、親から責められて、とてもつらそうにしていました。

しかし、その後彼は親と距離をとり、一人暮らしを始めました。親の考えにとらわれず、自分が本当にやりたいことは何だったのかを見つめ直すことができ、彼の人生は変わっていきました。

いったん親と物理的な距離を置き、呪縛から解放された状態で自分の心の中にベクトルを向けることができたことで、「やりたくないことはやめる」という選択を自分自身で次々とできるようになっていったのです。

みなさんも、自分の内側にいる自分に問いかけてみて、まずはたったひとつ、「こうしたい」「これはやめたい」と思うことを見つけて動き出してみるのもいいかもしれません。きっとそれを機に、新たな自分がスタートしていくはずですよ。

あとがき

「生きづらさ」から「生きやすさ」へ

僕の生きづらさを救ってくれたのは、病床にあった母とのこんなやりとりでした。

「あのね、生から死を考えるより、お母さんのように死から生を考える立場になったら、当たり前の日々がどれだけ愛おしいかわかるやろ？　だから、命に嫌われない生き方が大切なんよ。あんたもまだまだできとらん」

僕は介護ベッドで目をつむりながらこう母に聞き返しました。

「母ちゃんが思う、命に嫌われない生き方って、どうしたらいいん？」

「そんなの簡単よ。朝起きたら、自分の寿命が終わる最初の一日だと思って、感謝すればいいとよ。毎日、それの繰り返し」

僕はそんなことを考えたこともありませんでした。母はこう続けます。

「自分の寿命が終わる最初の一日だと思っておけば、これまでの苦しみも、心の傷も、気付きに変えられるやろ？」

「心の傷も、気付きに変えられるって？」

「そう。**だって、幸せって、気付くことやもん**」

このひと言は衝撃的でした。幸せは追いかけちゃいかん。求めてもいかん。幸せは手に入れるものだと錯覚しないこと。

「**どんなときも、いつも幸せは気付くことよ**」

僕はそれまで、過去の傷が今の自分を作っていると思っていました。でも、そうではありませんでした。今の自分が、過去を決めつけているだけなんだと気付かされました。母との別れも近づいた中での話だったので、もう涙が止まりませんでした。

相手や物事に感謝はできても、自分に向けた感謝はできていなかった。僕はそのことをようやくわかりました。心の傷を気付きに変えず、自分を癒やすことを徹底的に放棄していたことを、自覚したのです。

母と過ごした命の時間の中で、心の傷こそが気付きを与えてくれるということが、僕にはすごく腑に落ちました。

これって、きっと僕だけではないと思います。みんな何かしら、心の傷を持って生きています。だからこそ、人は「もう傷つきたくない」と思って、過去にフタをして、鎧をまとって、生きづらさを抱えて生きようとします。

しかし、傷つくことは、生きるうえでどうしても避けては通れないものです。社会や人と関わる以上、人は何かしら心に擦り傷を負っていきます。

その傷を、見ないようにごまかすのではなく、自分から気付き、寄り添ってあげることが大切なのです。そうしないと、心の傷がかさぶたにならないんですね。

幼少期の頃を思い出してみてください。

親など身近な大人たちから、どんな言葉が、どんなしぐさが、どんな愛がほしかったですか？　本書をここまで読んでくださったみなさんには、もうわかりますよね。

アフターコロナで社会情勢が不安定な今。多くの人が、過去を変えたい、現実を変えたい、未来を変えたい、何より自分を変えたいと強く願っています。

ですが、「変わる」ということは、より強い鎧を身にまとって無理やりに肯定感を上げることではなく、「自分を癒やす」ということです。これをどうか忘れないでください。

母が教えてくれたのは、幸せとは気付くことであり、心の傷にもまず気付くことが大切だということでした。傷つくのは恐いかもしれませんが、傷ついてもいいんです。なぜなら、心の傷こそが、幸せに対する気付きを必ず与えてくれるからです。

もう、誰かに承認されるまで自己犠牲をする生き方はやめましょう。自分らしく生きていけるように、僕と一緒に命に嫌われない生き方を始めませんか？

どうしても受け取らないといけないこと

僕たちの人生には、どうしても避けられない出来事や困難があります。「なぜ、自分が……」と嘆くこともあるでしょう。

しかしそんなときにも、自分を癒やす行動をとることができれば、いつかは必ず、その出来事はどうしても自分の人生で受け取らなければいけない必要な経験だったのだと思える日が来ます。

本書では、僕たちの人生に「もしも」はないとお伝えしました。僕たちは、目の前の出来事や困難に対して、「もしもこうだったら」ではなく、今どの感情を選び、どう解釈し、どう受け取るかを、決めることができます。それによって、次の行動が変わり、その後人生の歩み方や出会いにも大きな影響を与えます。

起こってしまった過去の出来事を直接変えることはできません。でも、今の自分の受け取り方や解釈は、変えることができます。ですから、生きづらさを手放せる日が来たら、これまでの過去はオセロのように一気にひっくり返して変えることもできるのではないでしょうか。それは、過去がみなさんを作っているのではなく、今のみなさんが、過去を決めつけてしまいがちに過ぎないからです。

過去の事実は変えられませんが、自分がその過去の出来事をどう受け取るかで、心の状態は変えることが可能です。

心の傷に気付き、幸せに気づき、認め、許していくこと。それができれば、過去への執着は自然に手放すことができます。みなさんは、自由です。

僕たちは誰でも、真っ暗な世界で生き抜いてきた力を持っています。この真っ暗な世界とは、お母さんのお腹の中にいた十カ月間です。ですから、生きていく中で「もうダメかもしれない」「お先真っ暗だ」という経験も、誰もが初めての経験ではありません。生まれる前にすでに経験し、真っ暗な世界をくぐり抜けてきているのです。どんなときでも、自分でいることを諦めてこなかったから、今日のみなさんがいるのです。どうか今度も、自分でいることを諦めないでください。

人は時に、現実に疲れて逃げ出したくなります。それが生きづらさです。ただ逃げるという意識だと、罪悪感に飲まれて無理を繰り返してしまいます。でも、それは自分の幸せに制限をかけているようなものです。

ですから、現実と向き合わないように逃げるという考えではなく、**「未来に逃げる」、つまり新しい自分になるために逃げる（休む）という選択があってもいいんだと考えてください。**

自分の幸せを最優先して、「未来に逃げる」「自分のために休む」ことができれば、人は必然的に相手の幸せも願えるようになっていきます。自分の幸せに対して制限をかけなければ、心と体が休むことの大切さを教えてくれていることを、ちゃんと認めてあげることができます。これが、自分の人生を引き受けるということです。

自分でいることを諦めなければ、人生の中で「逃げる」選択肢をとることにも、罪悪感や申し訳なさを感じる必要はなくなります。心と体を休めることは、逃げではありません。自分を癒やすという大切な時間です。逃げることも、ひとつの大切な選択肢なのです。ただ、新しい自分になるために「逃げる」という行為が、いつもの自分のままで「逃げ続ける」ことにならないように、少しずつでいいので自分を癒していけるようになりましょうね。

自分を癒やせるようになれば、幸せになる条件も自然と揃って、生きづらさも薄れていきます。

これまでの自分はダメだったと思うことがあっても、これからの自分がダメになるわけではありません。少なくとも、僕はみなさんの味方です。

みなさんが始めた物語。主人公はみなさん自身です。現実を変えるのも、自分を癒すのも、自己受容からです。自分が笑えば、鏡に映るもう一人の自分も同じタイミングで笑ってくれますが、自分が笑わなければ、鏡に映る自分も絶対に笑いませんよね。だからこそ、もっと自分を愛してくださいね。

ここまでお付き合いくださり、本当にありがとうございました。心から感謝します。みなさんとみなさんの大切な人たちが、生きづらさを手放していけますように……。僕のメルマガに登録してくださった方に、本書のワークシートと音声をプレゼントいたします。

生きづらさを手放す心理カウンセラーとして、専門家ならではの視点でみなさんの不安や悩み一つひとつに寄り添います。ぜひご活用くださいね。

もっと自分を愛して、命が鳴りひびく限り「私という名」の人生を謳歌していきましょうね。

2024年5月　松野正寿

感謝

ＫＫロングセラーズ真船壮介副社長、富田志乃編集長、大西桃子、村田久美子、江口美穂、松野正広（つた子）、松野千穂、松野陽愛、松野龍哉、福永家、橋本一利、尾崎哲也、野村恭子、本田和彦、本田洋子、サムライシンジ、二宮駿介先生、八尋先生、月成先生、ランボケア・坂口肇、松原智彦、香川浩樹、㈱カワイコーポレーション大阪、武田勝彦、鳥濱拳大、山田泰史、島田守、大谷由里子、あべしんや、山田真也、神谷久志・利恵子、青木一弘、深川博次、陣内潤、後藤大志、今泉英司、今泉美香、片淵大雅、井上智雄、武田英毅、酒肴竹馬・大井篤志、ＫＵＭＩＫＯ、永田光織、大西優、堤基彰、秋田篤寿、中川直紀、中川晃平、今村綾智、鶴田達也、中村重信、田中淳也、木下宗一郎、田中貴章、森本まりこ、河村智治、角忠憲、佐藤裕幸、吉田辰也、乙村隆文、迎浩介、南部京介、盛田一成、中村博、西山玲、図師直樹、野中税理士事務所、鹿田孝・彰子、高尾恵理子、多良朗大、馬場崎としたか、丸山航志・貴子、大渕秀晃、原口知久、佐藤清幸、砂田太郎、重野博則、矢羽田裕和、山下紀朗、瀬尾直樹、佐久川清史、藤岡久仁章、清水扶幸、釘田泰子、鷹師範、このはなさくや、座間直人、川端敏宏、川中清之、松風、加藤瑛二、サクリエ有限責任事業組合・香織＆美穂、インフォカート林昌宏、秋元恵美子、鈴木こなみ、滝口久美子、楢原和紀、木藤昌功、KUBOYUKI、渡辺政光、真柄広明、石倉祐樹、有田匠佑、石橋吏玖、わたなべ歯科

購入者3大特典
生きづらさを生きやすさへ

・本書のワークシート

・特別音声の配布

・メッセージカウンセリング
5回まで無料

For you

このQRコードを
読み取って
くださいね

ココロノミライ

もっと自分を愛していい

著者　　松野正寿
発行者　　真船壮介
発行所　　KK ロングセラーズ
〒159-0075 東京都新宿区高田馬場 4-4-18
電話　(03) 5937-6803（代）
http://www.kklong.co.jp

印刷・製本　　（株）フクイン
落丁・乱丁はお取替えいたします。
ISBN978-4-8454-2532-7 C0095
Printed in Japan 2024